基础会计学习实训手册

主　编　郑　宁

副主编　王娅楠　刘淑文　黄瑞芳

上海交通大学出版社
SHANGHAI JIAO TONG UNIVERSITY PRESS

内容提要

本书共分基础会计单项实训、基础会计综合实训两篇,内容包括会计基础书写、总分类账与明细分类账的平行登记、资金筹集的核算、供应过程的核算、生产过程的核算、销售过程的核算、利润形成与分配的核算、原始凭证的填制、记账凭证的编制、会计账簿的登记、错账更正方法、财务处理程序的核算、财产清查的核算、会计报表的编制等。

本书可作为高职高专院校会计类和其他经济、管理类专业教学用书,也可作为必须具备会计基本知识与技能的专业人员的参考用书。

图书在版编目(CIP)数据

基础会计学习实训手册/郑宁主编.--上海:上海交通大学出版社,2017

ISBN 978-7-313-17628-8

Ⅰ.①基… Ⅱ.①郑… Ⅲ.①会计学—手册 Ⅳ.①F230-62

中国版本图书馆 CIP 数据核字(2017)第 167627 号

基础会计学习实训手册

主　编:郑　宁
出版发行:上海交通大学出版社　　　　　地　　址:上海市番禺路 951 号
邮政编码:200030　　　　　　　　　　　电　　话:021-64071208
出 版 人:郑益慧
印　　制:安徽新华印刷股份有限公司　　经　　销:全国新华书店
开　　本:787mm×1092mm　1/16
字　　数:308 千字　　　　　　　　　　印　　张:13
版　　次:2017 年 7 月第 1 版　　　　　　印　　次:2017 年 7 月第 1 次印刷
书　　号:ISBN 978-7-313-17628-8/F
定　　价:26.80 元

前　　言

　　会计学是一门实践性很强的学科,而会计工作是一项对技术规范要求很高的工作。会计职业技能教育在赋予学生从事会计工作所必需的基础理论的同时,还培养学生分析、处理各种经济业务的操作技能。

　　本书立足于加强学生的会计操作技能,使学生通过对各种会计业务的训练,掌握凭证填制、账簿登记、报表编制的基本操作技能,真正培养符合高等职业教育目标的技能型、应用型人才。

　　本书共分基础会计单项实训、基础会计综合实训两篇,内容包括会计基础书写、总分类账与明细分类账的平行登记、资金筹集的核算、供应过程的核算、生产过程的核算、销售过程的核算、利润形成与分配的核算、原始凭证的填制、记账凭证的编制、会计账簿的登记、错账更正方法、财务处理程序的核算、财产清查的核算、会计报表的编制等。通过完成一系列的会计核算操作过程,使学生进一步理解会计核算方法之间的相互关系,完成从理论到实践的飞跃。

　　由于编者水平有限,书中存在不妥之处,敬请读者批评指正。

编　者
2017 年 3 月

目　录

第一篇
基础会计单项实训

实训一 会计基本工作能力实训

实训目的： 掌握数字大小写及出票日期的书写方法。

实训材料： 阿拉伯数字的书写：1 2 3 4 5 6 7 8 9 0。

中文大写： 壹贰叁肆伍陆柒捌玖拾佰仟万亿零整。

实训要求：

（1）将小写数字填入表1-1。

表1-1 小写数字的训练

书写要领	亿	千	百	十	万	千	百	十	元	角	分
1. 贴底线											
2. 占行高的 1/3											
3. 向右倾斜 30°或 45°左右											
4. 数字中 7、9 底部可以出底线的 1/3											
5. 数字中 6、8、9、0 封口要严											
6. 数字中 6 的上部略高											
7. 用蓝黑色或黑色记账笔书写											

（2）将大写数字填入表1-2。

表1-2 大写数字的训练

壹									
贰									
叁									
肆									
伍									
陆									
柒									
捌									
玖									
拾									
佰									
仟									
万									
亿									
零									
整									

（3）出票日期书写方法训练（见表 1-3）。

表 1-3　出票日期书写方法训练

1. 2009 年 1 月 1 日	贰零零玖年零壹月零壹日
2. 2010 年 6 月 11 日	
3. 2010 年 9 月 20 日	
4. 2011 年 10 月 29 日	
5. 2011 年 12 月 30 日	
6. 2012 年 11 月 30 日	
7. 2012 年 2 月 8 日	
8. 2013 年 10 月 30 日	
9. 2013 年 11 月 21 日	
10. 2014 年 8 月 25 日	

（4）大写金额改为小写金额方法训练（见表 1-4）。

表 1-4　大写金额改为小写金额方法训练

例：人民币壹拾柒万零叁元肆角整	￥170003.40
人民币壹佰贰拾柒万叁仟零叁元肆角伍分	
人民币壹佰零贰万元整	
人民币捌拾万零贰佰元整	
人民币捌拾贰万零伍元陆角整	
人民币壹拾玖万零玖佰零伍元零捌分	

（5）小写金额改为大写金额方法训练（见表 1-5）。

表 1-5　小写金额改为大写金额方法训练

例：￥72 045.45	人民币柒万贰仟零肆拾伍元肆角伍分
￥100 101.05	
￥172 020.80	
￥7 208 001.15	
￥1 234 567.05	
￥900.10	

实训二 账户结构

实训目的：掌握账户的基本结构。

实训材料：某公司有关账户结构（见表2-1）。

表2-1 某公司有关账户结构 单位：元

账户名称	期初余额	本期增加额	本期减少额	期末余额
库存商品	250 000	640 000	180 000	
应收账款	90 000	350 000	400 000	
应付账款	50 000	420 000		70 000
固定资产	980 000	1 350 000	60 000	
短期借款	100 000	200 000	170 000	
实收资本	15 000 000	1 790 000	0	

实训要求：

（1）根据账户结构和期末余额的计算公式，计算表2-1中空格的数字，并将计算结果填入空格。

（2）根据账户结构，将以上结果填入T形账户中（见图2-1）。

库存商品   应收账款   应付账款

固定资产   短期借款   实收资本

图2-1 T形账户

实训目的：掌握借贷记账法的基本内容。

实训材料：（1）某公司全部账户期初余额，如表2-2所示。

表2-2　某公司全部账户初期余额 单位：元

账户名称	借方余额	账户名称	贷方余额
库存现金	1 000	短期借款	230 000
银行存款	250 000	应付账款	126 000
应收账款	87 500	应交税费	2 500
库存商品	120 000	实收资本	700 000
固定资产	600 000		

（2）该公司发生以下经济业务：

①从银行提取库存现金3 000元备用。

②以存款购入材料，价款80 000元，材料未验收入库（假设不考虑增值税）。

③从A公司购入材料，价款50 000元，材料已验收入库，货款尚未支付（假设不考虑增值税）。

④收回B公司前欠购货款46 800元并存入银行。

⑤采购员张明向公司预借差旅费2 000元，公司以现金支付。

⑥从银行取得6个月期的借款50 000元，并存入银行以备使用。

⑦以银行存款12 000元偿还前欠购料款。

⑧收到某公司投入的货币资金300 000元并存入银行。

实训要求：

（1）编制以上业务的会计分录并填入表2-3。

表2-3　经济业务分录簿

业务号	分　　录
1	
2	
3	
4	
5	
6	

（续表）

业务号	分　　　录
7	
8	

（2）根据期初余额与所编制的会计分录，开设并登记 T 形账户，结出本期发生额及期末余额（见图 2-2）。

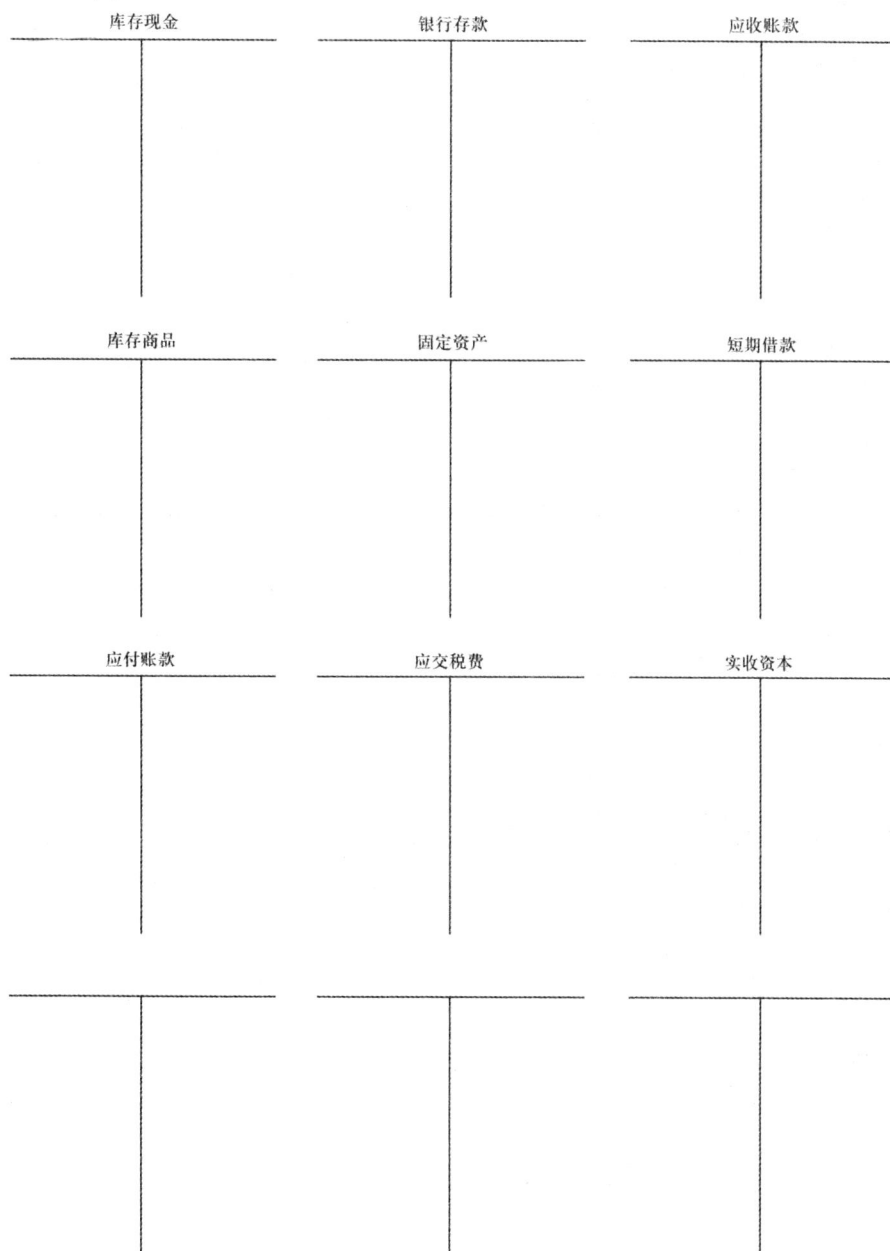

库存现金　　　　　　　　　银行存款　　　　　　　　　应收账款

库存商品　　　　　　　　　固定资产　　　　　　　　　短期借款

应付账款　　　　　　　　　应交税费　　　　　　　　　实收资本

图 2-2　本期发生额及期末余额

（3）根据上述账户记录，编制总分类账试算平衡表（见表2-4）。

表 2-4　总分类账试算平衡

账户名称	期初余额		本期发生额		期末余额	
	借方	贷方	借方	贷方	借方	贷方
库存现金						
银行存款						
应收账款						
其他应收款						
在途物资						
原材料						
库存商品						
固定资产						
短期借款						
应付账款						
应交税费						
实收资本						
合计						

实训三 总分类账与明细分类账的平行登记

实训目的：掌握总分类账和所属明细分类账的关系。

实训材料：某公司10月末原材料总分类账的余额为1 054 400元。其中，甲种材料6 400kg，每140元/kg，计896 000元；乙种材料880kg，180元/kg，计158 400元。应付账款总分类账的余额为160 000元，其中：红星工厂90 000元；红光工厂70 000元。该厂11月份发生的部分经济业务如下。

（1）11月3日，向红星工厂购入甲种材料2 000kg，计280 000元，乙种材料1 000kg，计180 000元，材料已验收入库，货款尚未支付（假设不考虑增值税）。

（2）11月5日，以银行存款支付上月应付红星工厂材料款90 000元。

（3）11月6日，向红光工厂购入乙种材料1 400kg，计252 000元，材料已验收入库，货款尚未支付（假设不考虑增值税）。

（4）11月8日，以银行存款支付上月应付红光工厂材料款70 000元。

（5）11月13日，车间领用甲种材料1 100kg，计154 000元，乙种材料1 900kg，计342 000元。

（6）11月16日，以银行存款支付11月3日应付红星工厂材料款460 000元及11月6日应付红光工厂材料款252 000元。

（7）11月24日，生产产品领用甲种材料2 800kg，计392 000元，乙种材料400kg，计72 000元。

（8）11月27日，向红光工厂购入甲种材料2 400kg，计336 000元，材料已验收入库，货款尚未支付（假设不考虑增值税）。

（9）11月28日，生产产品领用甲种材料2 700kg，计378 000元。

（10）11月29日，向红光工厂购入甲种材料1 700kg，计238 000元，材料已验收入库，货款尚未支付（假设不考虑增值税）。

实训要求：

（1）根据资料编制会计分录，将编制内容填入会计分录纸中，会计分录纸如表3-1所示。

表3-1 会计分录纸

业务号	日期	摘要	总分类账科目	明细分类账科目	借方金额	贷方金额
（1）						
（2）						
（3）						
（4）						
（5）						
（6）						
（7）						
（8）						

（续表）

业务号	日期	摘要	总分类账科目	明细分类账科目	借方金额	贷方金额
（9）						
（10）						

（2）根据资料开设有关总分类账及明细分类账，并登记期初余额；根据会计分录，按业务发生日期依次登记总分类账及明细分类账；结出各总分类账及明细分类账的本期发生额及期末余额，并进行原材料和应付账款总分类账与明细分类账的核对（见表3-2～表3-7）。

表3-2　原材料总分类账

账户名称：

年		摘要	借方	贷方	借或贷	余额
月	日					

表3-3　原材料明细分类账

材料名称：

年		摘要	计量单位	单价	收入		发出		余额	
月	日				数量	金额	数量	金额	数量	金额

表 3-4 原材料明细分类账

材料名称：

年		摘要	计量单位	单价	收入		发出		余额	
月	日				数量	金额	数量	金额	数量	金额

表 3-5 应付账款总分类账

账户名称：

年		摘要	借方	贷方	借或贷	余额
月	日					

表 3-6 应付账款明细分类账

单位名称：

年		摘要	借方	贷方	借或贷	余额
月	日					

表 3-7 应付账款明细分类账

单位名称：

年		摘要	借方	贷方	借或贷	余额
月	日					

实训四　资金筹集的核算

筹资过程的核算笔记：

企业所需资金有两个来源渠道：一是所有者依法投入资本，形成资本金；二是来源于外部借款。

（1）企业要独立地进行经营活动，就必须拥有与其生产经营相适应的资金。

（2）投资者可以以货币资金、机器设备、专利权、商品、原材料等各种资产对企业投资。

（3）投资者向企业投入货币资金或机器设备、厂房等，一方面使企业资产（银行存款或固定资产）增加；另一方面投资者在企业的权益（实收资本）增加。应编制会计分录如下：

借：银行存款或固定资产或无形资产

　贷：实收资本

（4）企业向银行借款，一方面使企业"银行存款"这项资产增加；另一方面企业负债增加。再根据借款期限的长短，确定负债是长期借款（一年以上，不含一年）还是短期借款（一年以下，含一年）会计分录如下：

借：银行存款

　贷：短期借款或长期借款

注意：偿还借款时，做相反的会计分录。即

借：短期借款或长期借款

　贷：银行存款

实训目的：掌握资金筹集业务的核算。

实训材料：

（1）收到某公司投入的营业用房一栋，价值5 000 000元。

（2）从银行取得两年期的借款500 000元，存入银行。

（3）由于临时需要，从银行取得三个月期的借款40 000元，存入银行。

（4）收到某公司投入的货币资金200 000元，存入银行。

实训要求：编制以上业务的会计分录，填入表4-1。

表4-1　经济业务分录簿

业务号	分　　录
1	
2	
3	
4	

实训五　供应过程的核算

供应过程的核算学习笔记：

核算内容包括购置机器设备、建造厂房、购买原材料。

1. 固定资产购建业务的核算

固定资产是指同时具有为生产商品、提供劳务、出租或经营管理而持有，使用寿命超过一个会计年度特征的有形资产。包括房屋建筑物、机器设备、运输设备和工具器具等。

（1）固定资产应按取得时的历史成本，即实际成本入账。

固定资产实际成本（入账价值）＝买价＋进口关税（不包括一般纳税企业增值税）＋运费＋保险费＋安装成本等

（2）核算：借：固定资产（不需要安装）或在建工程（需要安装）。

应交税费—应交增值税（进项税额）买价×17%＋运费×11%

贷：银行存款

注意：若企业购买的是需要安装的固定资产，待固定资产安装完毕，达到可使用状态，还需再将"在建工程"账户借方发生额的合计，通过其贷方，转入"固定资产"账户的借方。

2. 物资采购业务的核算

物资采购业务的核算（要求会算材料实际采购成本，做账看三件事：一是料入没入库；二是付款没付款；三是一般纳税人增值税怎么处理）

（1）材料采购成本包括材料的买价、运杂费（运输费、装卸费、保险费、包装费）、运输途中的合理损耗、入库前整理挑选费及购入物资应负担的税金等。对于一般纳税人来讲，采购成本中不包括可抵扣的增值税。

（2）核算

①借：在途物资（料尚在途中）或原材料（材料入库）实际成本入账（包括运杂费等）

应交税费—应交增值税（进项税额）买价×17%＋运费×11%

贷：银行存款（已付款）或应付账款（尚未付款）或应付票据（开出商业汇票）

②若购入时材料未入库，使用了"在途物资"账户，还需有一笔结转验收入库材料实际采购成本。

借：原材料（按实际成本转账）

贷：在途物资（按实际成本转账）

③采用预付款方式购买材料，先按合同规定先预付货款时，应借记"预付账款"，贷记"银行存款"。等待收到购买的材料入库时，再借记"原材料"和"应交税费"，贷记"预付账款"。

＊注意：实际预付款项与实际购料全部价款之间差额的处理。

3. 两个账户

两个账户尤其要注意以下几点

①"应交税费—应交增值税"账户：贷方登记（应交纳的税费）、（增值税销项税额）、（出口退税）、（进项税额转出）；借方登记（实际交纳的税费）、（增值税进项税额）；期末余

额在贷方表示企业应交未交的税费，在借方表示多交的税费和尚未抵扣的进项税额。

②预付账款账户：是资产类账户，借方登记预付款项和补付的余款。贷方登记实际收到所购货物款项，余额一般借方表示尚未结算的预付款项。若余额在贷方则具有负债性质，表示尚未补付的款项。

所以，企业若预付款业务不多时，支付的预付款项，也可以计入"应付账款"的借方（编报表时再调整）。

实训目的：掌握供应过程业务核算。

实训材料：

（5）以银行存款购入原材料，价款80 000元，增值税税额13 600元，运杂费210元，材料已验收入库。

（6）采购员张明向公司预借差旅费2 000元，公司以现金支付。

（7）从A公司购入原材料，价款250 000元，增值税税额42 500元，运费由对方支付，材料已验收入库，货款尚未支付。

（8）从B公司购入原材料，价款150 000元，增值税税额25 500元，运费500元，按11%计算增值税，材料尚未验收入库，全款已开出期限三个月的商业汇票，面值170 000元，其余款项开出一张转账支票。

（9）以银行存款偿还上述第3笔业务所欠A公司材料款。

（10）从B公司购入的材料验收入库（参见第4笔业务）。

（11）采购员张明出差返回，报销差旅费1 800元，交回现金200元（参见第2笔业务）。

实训要求：编制以上业务的会计分录，填入表5-1。

表5-1 经济业务分录簿

业务号	分　　录
5	
6	
7	
8	
9	
10	
11	

实训六　生产过程核算

生产过程的核算学习笔记：

工业企业在生产经营过程的中心环节是生产过程，其核算的主要内容就是生产费用的核算。

1. 生产费用

生产过程发生的各种耗费，构成了生产费用，生产费用分为两部分：产品的制造成本和期间费用。

（1）产品的制造成本。包括产品制造过程中的直接材料费、直接人工费和制造费用三项。

①直接材料费，是指构成产品实体或有助于产品形成的各种原料及辅助材料。

②直接人工费，是指为制造产品而发生的生产工人工资及福利费。

③制造费用，是指车间和工厂管理部门为组织和管理生产所发生的各项费用，如机器设备的折旧费、水电费、办公费、劳动保护费、车间管理人员工资及福利费、季节或修理期间停工损等。

（2）期间费用。是指不计入产品成本（记入当期损益）的费用，包括管理费用、财务费用和销售费用。

①管理费用是企业为组织和管理生产经营活动而发生的各项费用，如行政管理固定资产折旧费，行政管理部门和生产车间的修理费，行政管理部门的办公费、水电费、差旅费、行政管理人员职工薪酬、工会经费、技术转让费、业务招待费、研究费用、咨询费、诉讼费、企业筹建期间的开办费，相关长期待摊费用摊销、财产保险费、中介费等。

②财务费用是企业为筹集生产经营所需资金等发生的费用，如利息费用、银行手续费等。

③销售费用指企业销售过程中为了销售产品发生的各种费用，如广告费、运输费、展销费、包装费及专设销售机构的职工工资、业务费（不是业务招待费）等。

2. 生产过程主要经济业务的核算

（1）发出材料的核算，凡是为生产某种产品的耗用材料，应记入"生产成本"账户；凡是生产车间一般性的耗用材料，应记入"制造费用"账户；凡是行政管理部门的耗用材料要记入"管理费用"账户。

即，借：生产成本–某产品
　　　　制造费用
　　　　管理费用
　　贷：原材料–某材料

（2）职工薪酬核算

企业应付给职工各种薪酬，包括：职工工资、奖金、津贴、补贴、职工福利费、社会保险费、住房公积金、工会经费、职工教育经费、非货币性福利等。

①从开户行提取现金，备发工资。

借：库存现金
　　贷：银行存款

②支付职工薪酬（包括支付工资、奖金、福利费和缴纳社会保险、住房公积金以及支付工会经费等）。

借：应付职工薪酬

　　贷：库存现金（或银行存款）

③月末结算本月应付职工薪酬（包括所有的项目，即按用途分配结转）。

借：生产成本—丙产品

　　　　——丁产品

　　制造费用

　　管理费用

　　贷：应付职工薪酬

其中分配生产工人工资时，其分配标准有生产工时或产品数量。

3.支付水电费、办公费、差旅费等

例 1：以银行存款支付本月水电费3 500元，其中：车间负担2 100元，行政管理负担1 400元。

借：制造费用　　　　　　　　　　　　　　　　　　　　　　　　　2 100

　　管理费用　　　　　　　　　　　　　　　　　　　　　　　　　1 400

　　贷：银行存款　　　　　　　　　　　　　　　　　　　　　　　3 500

例 2：李彬出差预借差旅费1 000元，会计付给现金。

借：其他应收款-李彬　　　　　　　　　　　　　　　　　　　　　1 000

　　贷：库存现金　　　　　　　　　　　　　　　　　　　　　　　1 000

＊＊＊＊若李彬出差回来报销差旅费980元，余款交回现金20元。

借：管理费用　　　　　　　　　　　　　　　　　　　　　　　　　 980

　　库存现金　　　　　　　　　　　　　　　　　　　　　　　　　　20

　　贷：其他应收款-李彬　　　　　　　　　　　　　　　　　　　　1 000

4.计提由本月负担的短期借款利息

借：财务费用

　　贷：应付利息

＊＊＊＊＊而于季度末，以银行存款支付一个季度三个月利息时应如何做账？

假设：3月31日，以存款15 000元支付第一季度短期借款利息费，其中已计提10 000元，本月负担5 000元。

借：财务费用　　　　　　　　　　　　　　　　　　　　　　　　　5 000

　　应付利息　　　　　　　　　　　　　　　　　　　　　　　　 10 000

　　贷：银行存款　　　　　　　　　　　　　　　　　　　　　　 15 000

5.固定资产折旧的核算

车间使用的固定资产计提折旧费计入"制造费用"，行政管理折旧费计入"管理费用"，即：

借：制造费用或管理费用

　　贷：累计折旧

月末应将"制造费用"账户的本月发生额合计分配转入"生产成本"。分配结转后"制造费用"账户期末一般无余额，一定要会计算制造费用分配率，会计算某产品负担多少。

生产过程中发生的制造费用在月末时，应按生产工时比例或生产工人工资比例分配转入各种产品成本。

例如，将本月发生的制造费用218 000元，按产品的生产工时比例，分配计入甲、乙两种产品的生产成本（甲产品工时3 000h，乙产品工时2 000h）。

本月发生的制造费用218 000元，是指"制造费用"账户本月借方发生额合计数。

制造费用的分配率＝218 000÷（3 000+2 000）＝43.6元/小时

甲产品应负担的制造费用＝3 000×43.6＝130 800元

乙产品应负担的制造费用＝2 000×43.6＝87 200元

该笔业务应编制会计分录如下：

借：生产成本—甲产品   130 800

         —乙产品   87 200

  贷：制造费用   218 000

假设月末某产品生产完工验收入库，还要结转完工入库产品成本，是指将"生产成本↓"转到"库存商品↑"账户，即，

借：库存商品—甲产品

  贷：生产成本—甲产品

＊＊＊＊＊完工产品成本的计算：d 本期完工产品总成本＝a 期初在产品成本+b 本月发生的成本-c 期末在产品成本

＊＊＊＊＊单位产品成本＝完工产品总成本 d÷完工产品产量

例如，某企业某车间月初在产品成本为4 000元，本月生产产品耗用材料80 000元，生产工人工资及福利费16 000元，该车间管理人员工资8 000元，车间水电费8 000元，月末在产品生产成本8 800元。行政管理报刊费240元。则该车间本月完工产品生产成本总额为（C）元。

A. 112 400   B. 116 400   C. 107 200   D. 107 600

其中：期初在产品成本 a 就是"生产成本"账户的月初余额。

本月发生的成本 b 就是本月为生产产品发生的（直接材料）（直接人工）（制造费用）的合计。

"生产成本"账户贷方登记的内容就是完工入库产品的成本 d，与"库存商品"借方对应。

例如：某企业 6 月初甲产品"生产成本"明细账余额为25 000元，6 月份该产品又发生成本支出 20 000元，6 月末该产品的在产品成本为10 000元，则 6 月份该产品完工成本 d＝a 25 000+b 20 000-c 10 000＝（35 000）元。

实训目的：掌握生产过程业务核算。

实训材料：

（12）签发现金支票，从银行提取现金1 000元备用金。

（13）以银行存款购入车间办公用品1 360元。

（14）厂长到外地开会，预借差旅费5 000元，以现金支票给付。

（15）领用原材料36 000元，其中：A 产品耗用18 000元，B 产品耗用12 000元，车间一般耗用4 000元，行政管理部门耗用2 000元。

（16）行政管理部门以现金购买办公用品 200 元。

（17）结算本月职工工资共26 000元，其中：A 产品生产工人工资12 000元，B 产品生产

工人工资8 000元，车间管理人员工资2 000元，行政管理人员工资4 000元。

（18）按工资总额的14%计提社会保险费。

（19）签发现金支票，从银行提取现金26 000元以备发工资。

（20）以现金向职工发放工资。

（21）公司租用外单位生产用设备，计提应由本月负担的租金为3 000元。

（22）厂长出差返回，报销差旅费6 300元，公司以现金1 300元向厂长补付所差余款（参见第14笔业务）。

（23）计算本月应负担尚未支付短期借款利息1 300元。

（24）以银行存款支付水电费14 000元，其中：车间耗用5 360元，行政部门耗用5 000元。

（25）计提本月的固定资产折旧费20 000元，其中：车间固定资产折旧14 000元，行政管理部门固定资产折旧6 000元。

（26）按生产工人工资比例分配并结转本月制造费用（提示：先登记制造费用明细分类账，取得制造费用总额后再分配）。

（27）本月完工A产品400件，B产品100件全部完工。结转完工产品总成本（提示：先登记生产成本明细分类账）。

实训要求：

（1）编制以上业务的会计分录，并填入表6-1中。

表6-1 经济业务分录簿

业务号	分　录
12	
13	
14	
15	
16	
17	
18	
19	

（续表）

业务号	分　录
20	
21	
22	
23	
24	
25	
26	
27	

（2）根据本题会计分录，登记下列制造费用明细分类账和生产成本明细分类账（见表6-2和表6-3）。

表6-2　制造费用明细分类账

业务号	借方（费用项目）					贷方	余额
	材料费	人工费	折旧费	办公费	其他		

表 6-3 生产成本明细分类账

产品名称：

| 年 | | 凭证编号 | 摘要 | 借方 | | | | 贷方 | 余额 |
月	日			直接材料	直接人工	制造费用	合计		

实训七　销售过程的核算

销售过程的核算学习笔记：

1. 主要内容

收回销货款、取得销售收入、结转销售成本、支付销售费用、计算缴纳销售税费、确定产品销售利润或亏损。

2. 确认销售产品实现收入

注意商品的发出和货款的结算要区分不同情况。

（1）出售产品同时收到货款存入银行或货款尚未收到或收到商业汇票，企业应分别确认为"银行存款""应收账款"或"应收票据"增加借记，并同时确认"主营业务收入"的实现记增加贷记。

借：银行存款（收到支票）或应收账款（款项未收）或应收票据（收到商业汇票）

　　贷：主营业务收入

　　　　应交税费——应交增值税（销项税额）

（2）采用预收款方式销售。①企业收到预收款时，并未将商品售出，不能确认收入实现，只是在增加货币资金的同时，增加了负债。

借：银行存款　　　　　　　　　　　　　　　　　　　　　　400 000

　　贷：预收账款　　　　　　　　　　　　　　　　　　　　400 000

②待将商品发给购货单位时，才确认收入的实现，同时冲减"预收账款"（当天尚未收到余款）。

借：预收账款　　　　　　　　　　　　　　　　　　　　　　936 000

　　贷：主营业务收入　　　　　　　　　　　　　　　　　　800 000

　　　　应交税费——应交增值税（销项税额）　　　　　　　136 000

注意：若发货当天同时收到购货方补付的余款则直接：

借：预收账款　　　　　　　　　　　　　　　　　　　　　　400 000

　　银行存款　　　　　　　　　　　　　　　　　　　　　　536 000

　　贷：主营业务收入　　　　　　　　　　　　　　　　　　800 000

　　　　应交税费–增值税（销项税）　　　　　　　　　　　136 000

3. 结转销售成本

产品售出后，意味着库存商品的减少，应根据销售数量和产品的单位成本计算，结转销售成本。

销售成本=销售数量×产品单位成本

借：主营业务成本

　　贷：库存商品——X产品

4. 支付销售费用

企业为了销售商品，可能在销售过程中要发生销售费，如支付广告宣传费、展览费，支付销售过程的运杂费、装卸费、保险费、销售网点职工工资、业务费等。这些费用应记入"销售费用"账户。即，

借：销售费用

　　贷：银行存款或库存现金或应付职工薪酬等

5. 计算并交纳销售税费

（1）"营业税金及附加"账户核算的内容有：消费税、城市维护建设税、资源税、土地增值税、教育费附加等。

"营业税金及附加"账户不包括应交增值税，因为增值税是价外税，不影响当期损益，即：不会使当期利润减少

（2）城建税是以增值税、消费税为计税依据征收的一种税。税率因纳税人所在地不同从1%到7%不等。而教育费附加是为了发展教育事业而向企业征收的附加费用，按应交增值税、消费税、营业税的一定比例计算交纳。

其计算公式为：应交城市维护建设税（或教育费附加）=（应交增值税+应交消费税）×适用税率（或比例）

如：某企业本月共销售商品含税价合计585 000元，本月购进原材料不含税价300 000元，按17%计算增值税，城建税税率为7%，教育费附加的比例为3%（假设无其他税费）。

则：①本月应交纳增值税=585 000/（1+17%）-51 000=85 000-51 000=34 000元

　　②应交的城市维护建设税=34 000×7%=2 380元

　　③应交教育费附加=34 000×3%=1 020元

应编制会计分录为：

（1）先计算各项销售税费时（因为影响损益，所以应先计算，但增值税因为是价外税，不用经过此项处理）。

借：营业税金及附加　　　　　　　　　　　　　　　　　　　　　　　3 400

　　贷：应交税费——应交城市维护建设税　　　　　　　　　　　　　　2 380

　　　　　　　　——应交教育费附加　　　　　　　　　　　　　　　　1 020

（2）实际上交各项税费时，应编制会计分录为：

借：应交税费——应交增值税（已交税金）　　　　　　　　　　　　　34 000

　　　　　　——应交城市维护建设税　　　　　　　　　　　　　　　2 380

　　　　　　——应交教育费附加　　　　　　　　　　　　　　　　　1 020

　　贷：银行存款　　　　　　　　　　　　　　　　　　　　　　　　37 400

6. 其他销售业务的核算

——企业发生的 A 销售材料收入，B 出租固定资产租金收入，C 出租无形资产租金收入等属于"其他业务收入"。

——而a 销售材料成本。

　　　b 出租固定资产计提的折旧。

　　　c 出租无形资产的摊销额是获得其他业务收入背后的代价，则属于"其他业务成本"。

实训目的：掌握销售过程业务的核算。

实训材料：

（28）销售 A 产品 400 件，价款60 000元，增值税税额10 200元，货款已存入银行（思考：若全款收到一张商业汇票应用什么账户）。

（29）以现金支付上述 A 产品的销售运费 120 元。

（30）向晨光公司销售 B 产品 100 件，价款80 000元，增值税税额13 600元，货款尚未收回。

（31）以银行存款支付宣传广告费用2 000元。

（32）收回晨光公司所欠货款并存入银行（参见第30笔业务）。

（33）结转本月已售产品成本。

（34）计算出本月应缴城市维护建设税 595 元，教育费附加 255 元。

（35）以银行存款缴纳本月应交增值税8 500元，城市维护建设税 595 元，教育费附加 255 元。

实训要求：编制以上业务的会计分录，并填入表7-1。

表 7-1 经济业务分录簿

业务号	分　　录
28	
29	
30	
31	
32	
33	
34	
35	

实训八 利润形成与分配的核算

财务成果形成及分配的核算学习笔记：

——财务成果是企业一定时期内，全部经营活动所取得的经营成果，表现为获得的利润（盈利）或发生的亏损。

1. 计算企业实现的各项利润

会用公式计算各项利润，计算时注意求什么，注意所给条件。

（1）营业利润＝营业收入－营业成本－营业税金及附加－销售费用－管理费用－财务费用＋投资收益（减投资损失）。

营业收入包括主营业务收入和其他业务收入。

营业成本包括主营业务成本和其他业务成本。

（2）利润总额＝营业利润＋营业外收入－营业外支出。

注意！营业外收入和营业外支出经济业务事项不影响营业利润，只影响利润总额。

例：甲企业2014年8月份主营业务收入100万元，主营业务成本为80万元，管理费用为7万元，营业外支出为2万元，投资收益为10万元，假定不考虑其他因素，该企业当月的营业利润为（D）万元。利润总额（C）万元。

A. 11　　　　　B. 13　　　　　C. 21　　　　　D. 23

（3）净利润＝利润总额－所得税费用。

2. 企业利润分配的内容和顺序

①弥补以前年度亏损；②提取盈余公积金；③向投资者分配利润。

盈余公积金是企业通过经营收益而积累形成的公积金，是企业按税后利润的一定比例提取的积累资金。主要用于弥补亏损和转增资本。

3. 账户说明

（1）"本年利润"账户是所有者权益类账户。用来核算企业本年度内实现的净利润或净亏损数。账户的贷方登记转入的各项收入、收益数额，借方登记转入的各项成本、费用、支出及所得税数。年度终了，将该账户的余额转入"利润分配—未分配利润"账户，结转后年末无余额。

（2）"利润分配"属于所有者权益账户，贷方登记弥补的亏损及全年实现净利润的转入数。借方登记已分配利润数及全年发生净亏损转入数。

4. 核算

（1）营业外收支的核算

例1：企业收到某单位支付的违约金29 000元，款项已存入银行。

借：银行存款　　　　　　　　　　　　　　　　　　　　　　　29 000

　　贷：营业外收入　　　　　　　　　　　　　　　　　　　　　　29 000

例2：用银行存款支付税收滞纳金罚款3 100元。

借：营业外支出　　　　　　　　　　　　　　　　　　　　　　　3 100

　　贷：银行存款　　　　　　　　　　　　　　　　　　　　　　　3 100

（2）本年利润的结转及利润总额的计算：

①期末，将损益类账户中所有收入账户的发生额合计结转到"本年利润"账户的贷方。

借：主营业务收入、其他业务收入、投资收益、营业外收入

　　贷：本年利润总额 A

②期末，将损益类账户的各项成本费用支出账户发生额合计结转到"本年利润"账户借方。

借：本年利润　总额 B

　　贷：{主营业务成本、营业税金及附加、其他业务成本}

{销售费用、管理费用、财务费用}

{营业外支出}

上述结转后，"本年利润"账户的借贷方 A-B 相抵后的差额即为当期的利润总额（若为负数则为当期亏损）。

（3）所得税费用的计算和结转。

应纳税所得额=税前会计利润（即利润总额）+纳税调整金额

应交所得税额=应纳税所得额×所得税税率（所得税税率一般为 25%）

先计算：（因为所得税是一项费用）借：所得税费用 C

贷：应交税费——应交所得税 C

再结转：即将所得税转入"本年利润"账户

借：本年利润　C

　　贷：所得税费用　C

（4）年末结转净利润。

将"本年利润"账户的年末余额（即本年实现的净利润）结转到"利润分配"账户，结转后，"本年利润"账户年末没有余额（因为称为"本年"，所以年末要结平归 0）。

"本年利润"账户的年末余额=期初余额（12 月初）+本期贷方发生额 A-本期借方发生额（B+C）

借：本年利润

　　贷：利润分配——①未分配利润

　　　　　　　　——若企业发生亏损，结转本年利润时，做上述相反的会计分录。

5.利润分配的核算

（1）按照税后的净利润的 10%提取法定的盈余公积和任意盈余公积。

借：利润分配——②提取法定盈余公积

　　　　　　——③提取任意盈余公积

　　贷：盈余公积

（2）企业决定向投资者分配利润。

借：利润分配——④应付现金股利

　　贷：应付股利

（3）用银行存款支付给投资者利润。

借：应付股利

　　贷：银行存款

（4）结转利润分配账户的各明细账户（即将②③④明细账归 0 结转到①）。

借：利润分配——①未分配利润

  贷：利润分配——②提取法定盈余公积

    ——③提取任意盈余公积

    ——④应付现金股利

结转后："利润分配——未分配利润"账户的贷方余额，就是企业历年累积未分配的利润数。如果余额在借方，则表示历年累积的未弥补的亏损数。

结转后：只有①"未分配利润"明细账有余额，其余②③④利润分配各明细账均无余额。

例：胜利公司2016年初"利润分配"账户贷方余额140 000元，2016年实现利润总额950 000元，应纳税所得额1 000 000元，所得税率25%，公司年末决定按全年净利润的10%提取法定盈余公积，向所有者分配利润430 000元，则公司年末未分配利润 = 140 000 + （950 000 - 1 000 000×25%）- 700 000×10% - 430 000 = 340 000元。

实训目的：掌握利润形成与分配业务核算。

实训材料：

（36）取得罚款收入现金36 000元。

（37）以银行存款向灾区捐款3 000元。

（38）以银行存款缴纳工商局违法经营罚款800元。

（39）结转本月各收入类账户发生额。

（40）结转本月各费用支出类账户发生额。

（41）按应纳税所得额的25%计算所得税费用（假设无纳税调整事项）。

（42）结转所得税费用（参见第41笔业务）。

（43）结转本年利润。

（44）按税后利润的10%计提法定盈余公积金，5%计提任意盈余公积。

（45）公司决定向投资者分配现金股利20 000元。

（46）结转未分配利润。

（47）以银行存款缴纳所得税（参见第41笔业务）。

实训要求：编制以上业务的会计分录，并填入表8-1。

表8-1 经济业务分录簿

业务号	分　录
36	
37	
38	

（续表）

业务号	分　录
39	
40	
41	
42	
43	
44	
45	
46	
47	

实训九 原始凭证的填制

实训目的：掌握原始凭证的填制方法。

实训材料：钢铁公司开户银行：邯郸市商业银行青山支行账号：82 633 001；

纳税登记号：710 633 300 111 141

2016年10月份发生的部分经济业务如下。

实训要求：填制原始凭证（见图9-1）。

（1）4日，填制现金支票向银行提取现金115 000元，用于发放工资。

邯郸商业银行现金支票存根	邯郸商业银行现金支票
XII 42 752 230 附加信息 _____ _____ _____ 签发日期 年 月 日 收款人_____ 金 额_____ 用 途_____ 单位主管 会计	**XII 42 752 230** 出票日期（大写） 年 月 日 开户行名称： 收款人： 年 月 日 签发人账号： 人民币（大写）_____ 万千百十万千百十元角分 用途：_____ 科 目（借）_____ 对方科目（贷）_____ 上列款项请从 我账户内支付 转账日期 年 月 日 出纳 记账 签发人盖章 复核 复核

图 9-1 邯郸市商业银行现金支票

（2）10日，收到美思百货（开户银行：邯郸市商业银行五西支行，账号：62 652 312）的转账支票1张，金额80 000元，财会根据转账支票填制银行进账单后一并送存银行（见图9-2和图9-3）。

邯郸商业银行现金支票存根	邯郸商业银行转账支票
XII 42 752 230 附加信息 _____ _____ _____ 签发日期 年 月 日 收款人_____ 金 额_____ 用 途_____ 单位主管 会计	**XII 42 752 230** 出票日期（大写） 年 月 日 开户行名称： 收款人： 年 月 日 签发人账号： 人民币（大写）_____ 万千百十万千百十元角分 用途：_____ 科 目（借）_____ 对方科目（贷）_____ 上列款项请从 我账户内支付 转账日期 年 月 日 出纳 记账 签发人盖章 复核 复核

图 9-2 邯郸市商业银行转账支票

年　　　　月　　　　日

					全　称								
出票人	全　称		付款人	账　号									
	账　号			开户银行									
	开户银行												

金额	人民币	亿	千	百	十	万	千	百	十	元	角	分
	（大写）											

票据种类		票据张数	
票据号码			

复核　　　　　　记账　　　　　　　　　　　　开户银行盖章

此联是开户银行交给持（出）票人的回单

图 9-3　邯郸市商业银行进账单（回单）

（3）18 日，向新宇钢铁厂购买甲材料 10 000 kg，每 kg10 元，增值税税率为 17%。款项采用托收承付结算，收到省增值税专用发票，材料验收入库收到材料入库通知单（见图 9-4~图 9-6）。

托收承付凭证（承付/支款通知）⑤　　第　号

委托日期　　　年　　月　　日　　　　　　托收号码：

	全　　　　称			全　称									
收款人	账号或地址		付款人	账　号									
	开户银行			开户银行									

托收金额	人民币	千	百	十	万	千	百	十	元	角	分
	（大写）										

附寄单证张数		商品发运情况		合同名称号码	

备注：	款项收妥日期：　　　　　　　　　　　　开户银行盖章
	年　　月　　日　　　　　　　　　年　　月　　日

图 9-4　托收承付凭证

河北省增值税专用发票

发 票 联　　　　　№

校验码：　　　　　　　　　　　　　　开票日期：　年　月　日

购货单位	名　　称： 纳税人识别号： 地 址 、电 话： 开户行及账号：			密码区			
货物或应税劳务名称	规格型号	单位	数量	单价	金额	税率	税额
合计							
价税合计（大写）	仟 佰 拾 万 仟 佰 拾 元 角 分（小写）¥						
销货单位	名　　称： 纳税人识别号： 地 址 、电 话： 开户行及账号：			备注			

第二联发票联购买方核算采购成本和增值税进项税额的记账凭证

收款人：　　　复核：　　　开票人：　　　销货单位：（章）

图 9-5　河北省增值税专用发票

年　月　日　　　　　　№ 23 461

材料名称	材质	规格	单位	数量		单价	金额	运杂费	金额合计	发货单位
				凭证	实收					
合计										

第二联：记账联

财务经理：　　　供应科长：　　　仓库验收：　　　采购员：

图 9-6　材料入库通知单

实训十 记账凭证的编制

实训目的：掌握记账凭证的填制方法。

实训材料：

（1）5月2日，公司出纳李霞开出一张5 000元的现金支票，从银行提取现金以备发放工资。

（2）5月2日，公司出纳李霞开出一张转账支票，支付前欠东方公司的货款4 000元。

（3）5月4日，供销科赵军去青岛参加订货会，预借差旅费3 000元，付现金。

（4）5月5日，出纳李霞将多余的库存现金2 800元存入银行。

（5）5月6日，从辽阳市安达股份有限公司购入甲材料10t，2 500元/t，计25 000元，增值税额4 250元，款项通过开户银行电汇给安达股份有限公司。

（6）5月10日，上述购入的甲材料验收入库。

（7）5月12日，销售A产品2 000件给临江机械厂，每件150元，计300 000元，增值税额51 000元，运费由购货方负担，款项收到并存入银行。

（8）5月16日，销售B商品10件给个体工商户李小鹏，单价50元，收到现金500元，开具普通发票。

（9）5月18日，生产A产品领用甲材料2t，2 500元/t，计5 000元，乙材料500kg，单位成本70元，计35 000元。生产车间领用甲材料1t，2 500元/t，计2 500元；乙材料300kg，单位成本70元，计21 000元。

（10）5月20日，用现金支付本月车间发生的水电费9 810元。

（11）5月30日，对工资进行汇总，生产车间工资共计13 655元，其中：A产品工人10 000元，B产品工人3 655元，车间管理人员工资6 690元。行政管理人员工资25 570元，销售人员工资19 417元。

（12）5月30日，按产品生产工时比例分配制造费用，并编制制造费用分配表，本月"制造费用"账户的借方发生额为40 000元，A产品的生产工时为1 200工时，B产品的生产工时为800工时。

实训要求：根据以下经济业务填制记账凭证。

（1）付款凭证（见表10-1）

表10-1 付款凭证（1）

贷方科目：　　　　　　　　年　　月　　日　　　　　　　　付字第　　　号

摘　要	总账科目	明细科目	√	金额									
				千	百	十	万	千	百	十	元	角	分
附件　张		合计											

财务经理：　　　　　　记账：　　　　　　审核：　　　　　　制单：

（2）付款凭证（见表10-2）。

表10-2　付款凭证（2）

贷方科目：　　　　　　　　　年　　月　　日　　　　　　　　　付字第　　　号

摘　要	总账科目	明细科目	√	金额									
				千	百	十	万	千	百	十	元	角	分
附件　张	合计												

财务经理：　　　　　记账：　　　　　审核：　　　　　制单：

（3）付款凭证（见表10-3）。

表10-3　付款凭证（3）

贷方科目：　　　　　　　　　年　　月　　日　　　　　　　　　付字第　　　号

摘　要	总账科目	明细科目	√	金额									
				千	百	十	万	千	百	十	元	角	分
附件　张	合计												

财务经理：　　　　　记账：　　　　　审核：　　　　　制单：

（4）付款凭证（见表10-4）。

表10-4　付款凭证（4）

贷方科目：　　　　　　　　　年　　月　　日　　　　　　　　　付字第　　　号

摘　要	总账科目	明细科目	√	金额									
				千	百	十	万	千	百	十	元	角	分
附件　张	合计												

财务经理：　　　　　记账：　　　　　审核：　　　　　制单：

（5）付款凭证（见表10-5）。

表10-5 付款凭证（5）

贷方科目：　　　　　　　　　年　　月　　日　　　　　　　付字第　　号

摘　要	总账科目	明细科目	√	金额									
				千	百	十	万	千	百	十	元	角	分
附件　张		合　计											

财务经理：　　　　　　记账：　　　　　　审核：　　　　　　制单：

（6）转账凭证（见表10-6）。

表10-6 转账凭证（1）

贷方科目：　　　　　　　　　年　　月　　日　　　　　　　付字第　　号

摘　要	总账科目	明细科目	借方									√	贷方									√
			百	十	万	千	百	十	元	角	分		百	十	万	千	百	十	元	角	分	
附件　张	合　计																					

财务经理：　　　　　　记账：　　　　　　审核：　　　　　　制单：

（7）收款凭证（见表10-7）

表10-7 收款凭证（1）

借方科目：　　　　　　　　　年　　月　　日　　　　　　　付字第　　号

摘　要	总账科目	明细科目	√	金额									
				千	百	十	万	千	百	十	元	角	分
附件　张		合　计											

财务经理：　　　　　　记账：　　　　　　审核：　　　　　　制单：

（8）收款凭证（见表10-8）。

表10-8　收款凭证（2）

借方科目：　　　　　　　　　　　年　　月　　日　　　　　　　　付字第　　号

摘　要	总账科目	明细科目	√	金额									
				千	百	十	万	千	百	十	元	角	分
附件　张		合计											

财务经理：　　　　　　记账：　　　　　　审核：　　　　　　制单：

（9）转账凭证（见表10-9）。

表10-9　转账凭证（2）

贷方科目：　　　　　　　　　　　年　　月　　日　　　　　　　　付字第　　号

摘　要	总账科目	明细科目	借方									√	贷方									√
			百	十	万	千	百	十	元	角	分		百	十	万	千	百	十	元	角	分	
附件　张		合计																				

财务经理：　　　　　　记账：　　　　　　审核：　　　　　　制单：

（10）付款凭证（见表10-10）

表10-10　付款凭证（6）

贷方科目：　　　　　　　　　　　年　　月　　日　　　　　　　　付字第　　号

摘　要	总账科目	明细科目	√	金额									
				千	百	十	万	千	百	十	元	角	分
附件　张		合计											

财务经理：　　　　　　记账：　　　　　　审核：　　　　　　制单：

（11）转账凭证（见表10-11）。

表 10-11　转账凭证（3）

贷方科目：　　　　　　　　年　月　日　　　　　　付字第　号

摘　要	总账科目	明细科目	借方										贷方									
			百	十	万	千	百	十	元	角	分	√	百	十	万	千	百	十	元	角	分	√
附件　张		合计																				

财务经理：　　　　　记账：　　　　　审核：　　　　　制单：

（12）转账凭证（见表10-12）。

表 10-12　转账凭证（4）

贷方科目：　　　　　　　　年　月　日　　　　　　付字第　号

摘　要	总账科目	明细科目	借方										贷方									
			百	十	万	千	百	十	元	角	分	√	百	十	万	千	百	十	元	角	分	√
附件　张		合计																				

财务经理：　　　　　记账：　　　　　审核：　　　　　制单：

实训十一　会计账簿的登记

实训目的：掌握日记账、数量金额式明细账及多栏式明细账的登记方法。

实训材料：

1.公司2016年4月1日有关账户余额资料

（1）库存现金日记账余额为5 000元，银行存款日记账余额为160 000元。

（2）原材料账户期初余额为75 000元，其中：甲材料2t，2 500元/t，计5 000元；乙材料1 000kg，70 元/ kg，计70 000元。

2.实训十的记账凭证

实训要求：

（1）登记银行存款日记账和库存现金日记账（见表11-1和表11-2），每日结出余额，并在月末结出本月发生额合计和余额，进行结账。

表 11-1　银行存款日记账

2016年		凭证号数	摘要	结算凭证		对方科目	借方	贷方	余额
月	日			种类	号数				

表 11-2　库存现金日记账

2016年		凭证号数	摘要	对方科目	借方	贷方	余额
月	日						

（2）登记"原材料——甲材料""原材料——乙材料""生产成本——A产品""生产成本——B产品"的明细分类账户（见表11-3~表11-6），并结出本月发生额和余额。

表11-3　原材料明细分类账

材料名称：　　　　　　　　　　　　　　　　　　　　　　　　　　　单位：

2016年		摘要	计量单位	单价	收入		发出		余额	
月	日				数量	金额	数量	金额	数量	金额

表11-4　原材料明细分类账

材料名称：　　　　　　　　　　　　　　　　　　　　　　　　　　　单位：

年		摘要	计量单位	单价	收入		发出		余额	
月	日				数量	金额	数量	金额	数量	金额

表11-5　生产成本明细分类账

产品名称：　　　　　　　　　　　　　　　　　　　　　　　　　　　单位：

年		凭证编号	摘要	借方				贷方	余额
月	日			直接材料	直接人工	制造费用	合计		

表11-6　生产成本明细分类账

产品名称：　　　　　　　　　　　　　　　　　　　　　　　　　　　　　　　　　单位：

年		凭证编号	摘要	借方				贷方	余额
月	日			直接材料	直接人工	制造费用	合计		

（3）登记"制造费用"明细分类账（见表11-7），并结出本期发生额及期末余额。

表11-7　制造费用明细分类账

单位：

年		凭证号数	摘要	借方					贷方	余额
月	日							合计		

（4）登记"原材料""生产成本""制造费用"的总分类账（见表11-8～表11-10）。结出本月发生额和余额，并与相应的明细分类账进行账账核对。

表11-8　原材料总分类账

账户名称：　　　　　　　　　　　　　　　　　　　　　　　　　　　　　　　　　单位：

年		摘要	借方	贷方	借或贷	余额
月	日					

表 11-9　生产成本总分类账

账户名称：　　　　　　　　　　　　　　　　　　　　　　　　　　单位：

年		摘要	借方	贷方	借或贷	余额
月	日					

表 11-10　制造费用总分类账

账户名称：　　　　　　　　　　　　　　　　　　　　　　　　　　单位：

年		摘要	借方	贷方	借或贷	余额
月	日					

实训十二　错账更正方法

实训目的：掌握错账更正方法。

实训材料：某公司在做账过程中发现下列错误：

（1）记账员登账时，将应借记"应收账款"账户的3 000元，误记为30 000元。"应收账款"明细分类账如表12-1所示。

表12-1　"应收账款"明细分类账

单位：元

年		凭证编号	摘要	借方	贷方	借或贷	余额
月	日						
		略	略	略	略	略	略
	8	200	出售产品，货款未收到	30 000			

（2）车间领用甲材料一批，价款7 000元，用于制造产品。其原转账凭证如表12-2所示，更正所需的转账凭证如表12-3所示和表12-4所示。

表12-2　转账凭证

2016年5月10日　　　　　　　　　　　　　　　　　　　　转字第3号

摘要	总账科目	明细科目	借方									贷方								
			百	十	万	千	百	十	元	角	分	百	十	万	千	百	十	元	角	分
领用材料	制造费用					7	0	0	0	0	0									
	原材料	甲材料													7	0	0	0	0	0
	合计					7	0	0	0	0	0				7	0	0	0	0	0

财务经理：　　　　　记账：　　　　　审核：　　　　制单：

更正方法：

表 12-3　转账凭证

年　月　日　　　　　　　　　　　　　　　　　　　　　转字第　号

摘要	总账科目	明细科目	借方									贷方								
			百	十	万	千	百	十	元	角	分	百	十	万	千	百	十	元	角	分
合计																				

财务经理：　　　　　记账：　　　　　　　　审核：　　　　　　　制单：

表 12-4　转账凭证

年　月　日　　　　　　　　　　　　　　　　　　　　　转字第　号

摘要	总账科目	明细科目	借方									贷方								
			百	十	万	千	百	十	元	角	分	百	十	万	千	百	十	元	角	分
合计																				

财务经理：　　　　　记账：　　　　　　　　审核：　　　　　　　制单：

（3）车间领用甲材料一批，价款1 100元，用于制造 A 产品。其原转账凭证如表 12-5 所示，更正所需的转账凭证如表 12-6 所示。

表 12-5　转账凭证

2016年5月15日　　　　　　　　　　　　　　　　　　　转字第 5 号

摘要	总账科目	明细科目	借方									贷方								
			百	十	万	千	百	十	元	角	分	百	十	万	千	百	十	元	角	分
领用材料	生产成本	A产品				1	1	0	0	0	0									
	原材料	甲材料													1	1	0	0	0	0

（续表）

摘要	总账科目	明细科目	借方 百	十	万	千	百	十	元	角	分	贷方 百	十	万	千	百	十	元	角	分
合计					1	1	0	0	0	0	0			1	1	0	0	0	0	0

财务经理：　　　　　记账：　　　　　审核：　　　　　制单：

表 12-6　转账凭证

2016年5月15日　　　　　　　　　　　　　　　　转字第　　号

摘要	总账科目	明细科目	借方 百	十	万	千	百	十	元	角	分	贷方 百	十	万	千	百	十	元	角	分
合计																				

财务经理：　　　　　记账：　　　　　审核：　　　　　制单：

（4）车间领用甲材料一批，价款1 100元，用于制造 A 产品。其原转账凭证如表 12-7 所示，更正所需的转账凭证如表 12-8 所示。

表 12-7　转账凭证

2016年5月15日　　　　　　　　　　　　　　　　转字第 5 号

摘要	总账科目	明细科目	借方 百	十	万	千	百	十	元	角	分	贷方 百	十	万	千	百	十	元	角	分
领用材料	生产成本	A产品1	1	0	0	0	1	1	0	0	0									
	原材料	甲材料																		
合计1			1	0	0	0	1	1	0	0	0									

财务经理：　　　　　记账：　　　　　审核：　　　　　制单：

更正方法：

表 12-8 转账凭证

年　月　日 　　　　　　　　　　　　　　　　　　　　 转字第　号

摘要	总账科目	明细科目	借方									贷方								
			百	十	万	千	百	十	元	角	分	百	十	万	千	百	十	元	角	分
合计																				

财务经理：　　　　　　记账：　　　　　　审核：　　　　　　制单：

实训要求：

请采用适当的更正方法予以更正。

实训十三 账务处理程序的核算

实训目的：掌握会计循环（记账凭证的填制—会计账簿的登记—会计报表的编制）的实际操作。

实训材料：

钢铁公司是一生产公司，主要生产经营 A、B 两种产品。2016 年 12 月 1 日的全部账户期初余额资料如下。

（1）总账账户余额如表 13-1 所示。

表 13-1　总账账户余额

会计科目	借方	贷方
库存现金	4 200	
银行存款	300 000	
应收账款	180 000	
其他应收款	6 600	
原材料	320 000	
生产成本	40 000	
库存商品	480 000	
固定资产	600 000	
累计折旧		56 000
短期借款		400 000
应付账款		120 000
应付职工薪酬		14 600
应交税费		7 000
实收资本		1 000 000
盈余公积		78 200
本年利润		150 000
利润分配		105 000

（2）有关明细账户余额如下。

① "原材料" 账户余额为 320 000 元，其中：甲材料 200t，单价 1 200 元，乙材料 100t，单价 800 元。

② "生产成本" 账户余额为 40 000 元，其中：A 产品 25 000 元（直接材料 12 000 元、直接人工 6 000 元、制造费用 7 000 元）；B 产品 15 000 元（直接材料 8 000 元、直接人工 3 000 元、制造费用 4 000 元）。

③ "库存商品" 账户余额为 480 000 元，其中：A 产品 100t，单位成本 2 000 元，B 产品

175t，单位成本1 600元。

④"应收账款"账户余额为180 000元，其中：应收红叶公司账款120 000元，应收千华公司账款60 000元。

⑤"其他应收款"账户余额为6 600元，其中：职工李军的借款为1 600元，应收万华公司固定资产租金5 000元。

⑥"应付账款"账户余额为120 000元，其中：应付东方公司20 000元，应付宏光公司100 000元。

（3）12月发生的各项经济业务如下。

①1日，收回千华公司前欠购货款36 000元并存入银行。

②1日，以存款从千达公司购入甲材料60t，单价1 190元，计71 400元，增值税税额为12 138元，材料已验收入库。

③4日，从南方公司购入乙材料20t，单价900元，计18 000元，增值税税额为3 060元，材料已验收入库，货款尚未支付。

④4日，以银行存款购买设备一台，增值税专用发票价款20 000元，增值税率17%，运输费1 000元，按11%计税，该设备已投入使用。

⑤6日，以银行存款支付办公费3 200元，其中生产车间2 000元，管理部门1 200元。

⑥6日，从银行提取现金99 000元，以备发工资。

⑦6日，以现金发放职工工资99 000元。

⑧6日，公司职工张明报销差旅费1 800元（出差前未向公司借款），以现金支付。

⑨8日，收到投资者追加投资160 000元，已存入银行。

⑩8日，财务部职工李军报销差旅费1 720元（出差前向公司借款1 600元），以现金支付120元。

⑪9日，以银行存款上交11月份应缴的城市维护建设税2 800元，教育费附加1 200元。

⑫16日，销售B产品25t，单价3 000元，计75 000元，增值税税额为12 750元，货款已存入银行。

⑬18日，接到银行通知，收到红叶公司货款100 000元。

⑭18日，向万光公司销售A产品50t，单价3 200元，计160 000元，增值税税额为27 200元，货款尚未收到。

⑮22日，以银行存款支付宣传广告费用10 000元。

⑯22日，以银行存款支付水电费3 800元（其中生产车间3 200元，管理部门600元）。

⑰24日，以现金支付管理部门修理费1 200元。

⑱24日，以银行存款向希望工程捐赠5 000元。

⑲30日，本月领用材料汇总如表13-2所示。

表13-2　钢铁公司12月领用材料汇总表

材料名称	单价	A产品领用	B产品领用	车间一般耗用	管理部门耗用
甲材料	1 200元	75t2t	3t		
乙材料	800元	60t			

⑳30日，结算本月应付职工薪酬99 000元，其中A产品工人工资50 000元，B产品工人工资30 000元，生产车间管理人员工资4 000元，公司管理人员工资15 000元。

㉑31日，按工资总额的14%计提各项社会保险费。

㉒31日，计提本月的固定资产折旧费10 000元，其中生产车间8 000元，管理部门2 000元。

㉓31日，计提应由本月应负担的短期借款利息1 000元。

㉔31日，按生产工人工资比例分配并结转本月制造费用。

㉕31日，A产品80t全部完工，B产品完工55t（单位成本为1 550元），结转本月完工入库产品总成本。

㉖31日，结转本月已售产品成本（A产品单位成本为2 000元，B单位成本为1 600元）。

㉗31日，公司取得罚款收入10 000元，存入银行。

㉘31日，计算本月应缴城市维护建设税1 610元，教育费附加690元。

㉙31日，结转本月收入类各账户。

㉚31日，结转本月费用类各账户。

㉛31日，按本年利润总额的25%计算所得税（假设：利润总额＝纳税所得）。

㉜31日，结转本年所得税费用。

㉝31日，结转本年税后利润（净利润）。

㉞31日，按税后利润的10%计提法定盈余公积金，5%任意盈余公积金。

㉟31日，公司决定向投资者分配利润8 000元。

㊱31日，结转未分配利润。

实训要求：

（1）根据钢铁公司12月份发生的各项经济业务做出相应的会计分录（见表13-3）。

表13-3　钢铁公司12月份发生的各项经济业务所对应的会计分录

业务序号	分　　录
1	
2	
3	
4	
5	
6	

（续表）

业务序号	分　　录
7	
8	
9	
10	
11	
12	
13	
14	
15	
16	
17	
18	
19	
20	
21	

（续表）

业务序号	分　　录
22	
23	
24	
25	
26	
27	
28	
29	
30	
31	
32	
33	
34	
35	
36	

（2）根据所做的会计分录编制记账凭证（见表13-4~表13-49）

记账凭证：

表13-4　收款凭证（1）

借方科目：　　　　　　　　　　　　　年　月　日　　　　　　　　　　　　收字第　　号

摘要	贷方科目		√	金额									
	总账科目	明细科目		千	百	十	万	千	百	十	元	角	分
合计													

财务经理：记账：　　　　　　审核：　　　　出纳：　　　　　制单：

表13-5　付款凭证（2）

贷方科目：　　　　　　　　　　　　　年　月　日　　　　　　　　　　　　付字第　　号

摘要	借方科目		√	金额									
	总账科目	明细科目		千	百	十	万	千	百	十	元	角	分
合计													

财务经理：　　　　记账：　　　　审核：　　　　出纳：　　　　制单：

表13-6　转账凭证（3）

　　　　　　　　　　　　　　　　　年　月　日　　　　　　　　　　　　转字第　　号

摘要	总账科目	明细科目	借方									√	贷方									√
			百	十	万	千	百	十	元	角	分		百	十	万	千	百	十	元	角	分	
合计																						

财务经理：　　　　记账：　　　　审核：　　　　制单：

表 13-7　付款凭证（4）

贷方科目：　　　　　　　　　　　　　　年　月　日　　　　　　　　　　　　　付字第　　号

摘要	借方科目		√	金额									
	总账科目	明细科目		千	百	十	万	千	百	十	元	角	分
合计													

财务经理：　　　　　记账：　　　　　审核：　　　　　出纳：　　　　　制单：

表 13-8　付款凭证（5）

贷方科目：　　　　　　　　　　　　　　年　月　日　　　　　　　　　　　　　付字第　　号

摘要	借方科目		√	金额									
	总账科目	明细科目		千	百	十	万	千	百	十	元	角	分
合计													

财务经理：　　　　　记账：　　　　　审核：　　　　　出纳：　　　　　制单：

表 13-9　付款凭证（6）

贷方科目：　　　　　　　　　　　　　　年　月　日　　　　　　　　　　　　　付字第　　号

摘要	借方科目		√	金额									
	总账科目	明细科目		千	百	十	万	千	百	十	元	角	分
合计													

财务经理：　　　　　记账：　　　　　审核：　　　　　出纳：　　　　　制单：

表 13-10　付款凭证（7）

贷方科目：　　　　　　　　　　　　　　年　月　日　　　　　　　　　　付字第　　号

摘要	借方科目		√	金额									
	总账科目	明细科目		千	百	十	万	千	百	十	元	角	分
合计													

财务经理：　　　　记账：审核：　　　　出纳：　制单：

表 13-11　付款凭证（8）

贷方科目：　　　　　　　　　　　　　　年　月　日　　　　　　　　　　付字第　　号

摘要	借方科目		√	金额									
	总账科目	明细科目		千	百	十	万	千	百	十	元	角	分
合计													

财务经理：　　　　记账：　　　　审核：　　　　出纳：　　　　制单：

表 13-12　收款凭证（9）

借方科目：　　　　　　　　　　　　　　年　月　日　　　　　　　　　　收字第　　号

摘要	贷方科目		√	金额									
	总账科目	明细科目		千	百	十	万	千	百	十	元	角	分
合计													

财务经理：　　　　记账：　　　　审核：　　　　出纳：　　　　制单：

表 13-13　付款凭证（10）

贷方科目：　　　　　　　　　　　　年　月　日　　　　　　　　　付字第　　号

摘要	借方科目		√	金额									
	总账科目	明细科目		千	百	十	万	千	百	十	元	角	分
合计													

财务经理：　　　　记账：　　　　审核：　　　　出纳：　　　　制单：

表 13-14　转账凭证（11）

年　月　日　　　　　　　　　　　　转字第　　号

摘要	总账科目	明细科目	借方									√	贷方								√
			百	十	万	千	百	十	元	角	分		百	十	万	千	百	十	元	角	分
合计																					

财务经理：　　　　记账：　　　　审核：　　　　制单：

表 13-15　付款凭证（12）

贷方科目：　　　　　　　　　　　　年　月　日　　　　　　　　　付字第　　号

摘要	借方科目		√	金额									
	总账科目	明细科目		千	百	十	万	千	百	十	元	角	分
合计													

财务经理：　　　　记账：　　　　审核：　　　　出纳：　　　　制单：

表 13-16 收款凭证（13）

借方科目：   年　月　日   收字第　　号

摘要	贷方科目		√	金额									
	总账科目	明细科目		千	百	十	万	千	百	十	元	角	分
	合计												

财务经理：   记账：   审核：   出纳：   制单：

表 13-17 收款凭证（14）

借方科目：   年　月　日   收字第　　号

摘要	贷方科目		√	金额									
	总账科目	明细科目		千	百	十	万	千	百	十	元	角	分
	合计												

财务经理：   记账：   审核：   出纳：   制单：

表 13-18 转账凭证（15）

年　月　日   转字第　　号

摘要	总账科目	明细科目	借方									√	贷方									√
			百	十	万	千	百	十	元	角	分		百	十	万	千	百	十	元	角	分	
	合计																					

财务经理：   记账：   审核：   制单：

表 13-19　付款凭证（16）

贷方科目：　　　　　　　　　　年　月　日　　　　　　　　　　付字第　　号

摘要	借方科目		√	金额									
	总账科目	明细科目		千	百	十	万	千	百	十	元	角	分
合计													

财务经理：　　　　　记账：　　　　　审核：　　　　　出纳：　　　　　制单：

表 13-20　付款凭证（17）

贷方科目：　　　　　　　　　　年　月　日　　　　　　　　　　付字第　　号

摘要	借方科目		√	金额									
	总账科目	明细科目		千	百	十	万	千	百	十	元	角	分
合计													

财务经理：　　　　　记账：审核：　　　　　出纳：　　　　　制单：

表 13-21　付款凭证（18）

贷方科目：　　　　　　　　　　年　月　日　　　　　　　　　　付字第　　号

摘要	借方科目		√	金额									
	总账科目	明细科目		千	百	十	万	千	百	十	元	角	分
合计													

财务经理：　　　　　记账：　　　　　审核：　　　　　出纳：　　　　　制单：

表 13-22　付款凭证（19）

贷方科目：　　　　　　　　　　　　　年　月　日　　　　　　　　　　　　付字第　　号

摘要	借方科目		√	金额									
	总账科目	明细科目		千	百	十	万	千	百	十	元	角	分
合计													

财务经理：　　　　　记账：　　　　　审核：　　　　　出纳：　　　　　制单：

表 13-23　转账凭证（20）

年　月　日　　　　　　　　　　　　转字第　　号

摘要	总账科目	明细科目	借方									√	贷方									√
			百	十	万	千	百	十	元	角	分		百	十	万	千	百	十	元	角	分	
合计																						

财务经理：　　　　　记账：　　　　　审核：　　　　　制单：

表 13-24　转账凭证（21）

年　月　日　　　　　　　　　　　　转字第　　号

摘要	总账科目	明细科目	借方									√	贷方									√
			百	十	万	千	百	十	元	角	分		百	十	万	千	百	十	元	角	分	
合计																						

财务经理：　　　　　记账：　　　　　审核：　　　　　制单：

表 13-25 转账凭证（22）

年 月 日　　　　　　　　　　　　　　　　　　　　　　转字第 号

摘要	总账科目	明细科目	借方										贷方									
			百	十	万	千	百	十	元	角	分	√	百	十	万	千	百	十	元	角	分	√
合计																						

财务经理：　　　　　　记账：　　　　　　审核：　　　　　　制单：

表 13-26 转账凭证（23）

年 月 日　　　　　　　　　　　　　　　　　　　　　　转字第 号

摘要	总账科目	明细科目	借方										贷方									
			百	十	万	千	百	十	元	角	分	√	百	十	万	千	百	十	元	角	分	√
合计																						

财务经理：　　　　　　记账：　　　　　　审核：　　　　　　制单：

表 13-27 转账凭证（24）

年 月 日　　　　　　　　　　　　　　　　　　　　　　转字第 号

摘要	总账科目	明细科目	借方										贷方									
			百	十	万	千	百	十	元	角	分	√	百	十	万	千	百	十	元	角	分	√
合计																						

财务经理：　　　　　　记账：　　　　　　审核：　　　　　　制单：

表 13-28　转账凭证（25）

年　月　日　　　　　　　　　　　　　　转字第　　号

摘要	总账科目	明细科目	借方										贷方									
			百	十	万	千	百	十	元	角	分	√	百	十	万	千	百	十	元	角	分	√
	合计																					

财务经理：　　　　　　记账：　　　　　　审核：　　　　　　制单：

表 13-29　转账凭证（26）

年　月　日　　　　　　　　　　　　　　转字第　　号

摘要	总账科目	明细科目	借方										贷方									
			百	十	万	千	百	十	元	角	分	√	百	十	万	千	百	十	元	角	分	√
	合计																					

财务经理：　　　　　　记账：　　　　　　审核：　　　　　　制单：

表 13-30　转账凭证（27）

年　月　日　　　　　　　　　　　　　　转字第　　号

摘要	总账科目	明细科目	借方										贷方									
			百	十	万	千	百	十	元	角	分	√	百	十	万	千	百	十	元	角	分	√
	合计																					

财务经理：　　　　　　记账：　　　　　　审核：　　　　　　制单：

表 13-31　收款凭证（28）

借方科目：　　　　　　　　　　　　　　　　年　月　日　　　　　　　　　　　　收字第　　号

摘要	贷方科目		√	金额									
	总账科目	明细科目		千	百	十	万	千	百	十	元	角	分
合计													

财务经理：　　　　　记账：　　　　　审核：　　　　　出纳：　　　　　制单：

表 13-32　转账凭证（29）

　　　　　　　　　　　　　　　　年　月　日　　　　　　　　　　　　转字第　　号

摘要	总账科目	明细科目	借方									√	贷方									√
			百	十	万	千	百	十	元	角	分		百	十	万	千	百	十	元	角	分	
合计																						

财务经理：　　　　　记账：　　　　　审核：　　　　　制单：

表 13-33　转账凭证（30）

　　　　　　　　　　　　　　　　年　月　日　　　　　　　　　　　　转字第　　号

摘要	总账科目	明细科目	借方									√	贷方									√
			百	十	万	千	百	十	元	角	分		百	十	万	千	百	十	元	角	分	
合计																						

财务经理：　　　　　记账：　　　　　审核：　　　　　制单：

表 13-34 转账凭证 (31)

年 月 日　　　　　　　　　　　　　　转字第　号

摘要	总账科目	明细科目	借方										贷方									
			百	十	万	千	百	十	元	角	分	√	百	十	万	千	百	十	元	角	分	√
	合计																					

财务经理：　　　　　　记账：　　　　　　审核：　　　　　　制单：

表 13-35 转账凭证 (32)

年 月 日　　　　　　　　　　　　　　转字第　号

摘要	总账科目	明细科目	借方										贷方									
			百	十	万	千	百	十	元	角	分	√	百	十	万	千	百	十	元	角	分	√
	合计																					

财务经理：　　　　　　记账：　　　　　　审核：　　　　　　制单：

表 13-36 转账凭证 (33)

年 月 日　　　　　　　　　　　　　　转字第　号

摘要	总账科目	明细科目	借方										贷方									
			百	十	万	千	百	十	元	角	分	√	百	十	万	千	百	十	元	角	分	√
	合计																					

财务经理：　　　　　　记账：　　　　　　审核：　　　　　　制单：

表 13-37　转账凭证（34）

年　月　日　　　　　　　　　　　　　　　　　　　转字第　　号

摘要	总账科目	明细科目	借方										贷方									
			百	十	万	千	百	十	元	角	分	√	百	十	万	千	百	十	元	角	分	√
		合计																				

财务经理：　　　　　　记账：　　　　　　审核：　　　　　　制单：

表 13-38　转账凭证（35）

年　月　日　　　　　　　　　　　　　　　　　　　转字第　　号

摘要	总账科目	明细科目	借方										贷方									
			百	十	万	千	百	十	元	角	分	√	百	十	万	千	百	十	元	角	分	√
		合计																				

财务经理：　　　　　　记账：　　　　　　审核：　　　　　　制单：

表 13-39　转账凭证（36）

年　月　日　　　　　　　　　　　　　　　　　　　转字第　　号

摘要	总账科目	明细科目	借方										贷方									
			百	十	万	千	百	十	元	角	分	√	百	十	万	千	百	十	元	角	分	√
		合计																				

财务经理：　　　　　　记账：　　　　　　审核：　　　　　　制单：

表 13-40 转账凭证（37）

年　月　日　　　　　　　　　　　　　　　　　转字第　　号

摘要	总账科目	明细科目	借方										贷方									
			百	十	万	千	百	十	元	角	分	√	百	十	万	千	百	十	元	角	分	√
合计																						

财务经理：　　　　　　记账：　　　　　　审核：　　　　　　制单：

表 13-41 转账凭证（备用1）

年　月　日　　　　　　　　　　　　　　　　　转字第　　号

摘要	总账科目	明细科目	借方										贷方									
			百	十	万	千	百	十	元	角	分	√	百	十	万	千	百	十	元	角	分	√
合计																						

财务经理：　　　　　　记账：　　　　　　审核：　　　　　　制单：

表 13-42 转账凭证（备用2）

年　月　日　　　　　　　　　　　　　　　　　转字第　　号

摘要	总账科目	明细科目	借方										贷方									
			百	十	万	千	百	十	元	角	分	√	百	十	万	千	百	十	元	角	分	√
合计																						

财务经理：　　　　　　记账：　　　　　　审核：　　　　　　制单：

表 13-43　转账凭证（备用 3）

年　月　日　　　　　　　　　　　　　转字第　　号

摘要	总账科目	明细科目	借方										贷方									
			百	十	万	千	百	十	元	角	分	√	百	十	万	千	百	十	元	角	分	√
		合计																				

财务经理：　　　　　记账：　　　　　　审核：　　　　　　制单：

表 13-44　收款凭证（备用 1）

借方科目：　　　　　　　　　年　月　日　　　　　　　　　收字第　　号

摘要	贷方科目		√	金额									
	总账科目	明细科目		千	百	十	万	千	百	十	元	角	分
	合计												

财务经理：　　　　　记账：　　　　　　审核：　　　　　出纳：　　　　　制单：

表 13-45　收款凭证（备用 2）

借方科目：　　　　　　　　　年　月　日　　　　　　　　　收字第　　号

摘要	贷方科目		√	金额									
	总账科目	明细科目		千	百	十	万	千	百	十	元	角	分
	合计												

财务经理：　　　　　记账：　　　　　　审核：　　　　　出纳：　　　　　制单：

表 13-46 收款凭证（备用 3)

借方科目：　　　　　　　　　　　年　月　日　　　　　　　　　　收字第　　号

摘要	贷方科目		√	金额									
	总账科目	明细科目		千	百	十	万	千	百	十	元	角	分
	合计												

财务经理：　　　　记账：　　　　审核：　　　　出纳：　　　　制单：

表 13-47 付款凭证（备用 4)

贷方科目：　　　　　　　　　　　年　月　日　　　　　　　　　　付字第　　号

摘要	借方科目		√	金额									
	总账科目	明细科目		千	百	十	万	千	百	十	元	角	分
	合计												

财务经理：　　　　记账：　　　　审核：　　　　出纳：　　　　制单：

表 13-48 付款凭证（备用 1)

贷方科目：　　　　　　　　　　　年　月　日　　　　　　　　　　付字第　　号

摘要	借方科目		√	金额									
	总账科目	明细科目		千	百	十	万	千	百	十	元	角	分
	合计												

财务经理：　　　　记账：　　　　审核：　　　　出纳：　　　　制单：

表13-49　付款凭证（备用2）

贷方科目：　　　　　　　　　　　　年　月　日　　　　　　　　　　付字第　　号

摘要	借方科目		√	金额									
	总账科目	明细科目		千	百	十	万	千	百	十	元	角	分
		合计											

财务经理：　　　　记账：　　　　审核：　　　　出纳：　　　　制单：

（5）根据记账凭证编制科目汇总表（见表13-50）。

表13-50　科目汇总表

年　　　月　　　日　　　　　　　　　　　　　　　单位：

会计科目	借方	贷方	会计科目	借方	贷方
合计					

（6）编制总分类账户试算平衡表（见表 13-51）。

表 13-51　试算平衡表

会计科目	期初余额		本期发生额		期末余额	
	借方	贷方	借方	贷方		
合计						

实训十四　财产清查的核算

实训目的：掌握财产清查方法。

实训材料：

（1）中意公司2016年1月银行存款日记账余额为33 736元，开户银行对账单的余额为26 708元，经逐笔核对，发现有如下未达账项：

①公司开出现金支票，金额为1 800元，用于支付仓库租金，持票人尚未现。

②公司因销售产品收到转账支票一张，金额为9 700元，公司已记收入，支票尚未交存开户银行。

③银行代收外地公司汇来货款2 192元，公司未收到收账通知。

④银行代公司支付水电费1 320元，公司未收到付款通知。

（2）中意公司于2016年12月31日进行财产清查，发现下列情况：

①甲材料盘亏12kg，单价30元/kg，经查是材料定额内损耗，批准后转入管理费用。

②A产品毁损150kg，单价20元/kg，经查是暴风雨袭击仓库所致，批准后转入营业外支出。

③盘盈计算机一台，重置价值6 000元，经鉴定七成新，经批准后将其净值转入营业外收入。

④盘亏设备一台，账面原价为65 000元，已提折旧为14 000元，经批准后将其净值转入营业外支出。

⑤丙材料盘盈25kg，单价10元/kg，经查是材料收发过程中计量误差累计所致，批准后冲减管理费用。

实训要求：

（1）根据实训材料（1），编制银行存款余额调节表（见表14-1）。

表14-1　银行存款余额调节表

项　　　目	金额	项　　　目	金额
银行对账单余额		银行存款日记账余额	
加：公司已收银行未收		加：银行已收公司未收	
减：公司已付银行未付调整后余额		减：银行已付公司未付调整后余额	

（2）根据实训材料（2），写出相应的会计分录，并填入表14-2。

表14-2　中意公司财产清查业务及会计分录

业务号	分　　　录
1	
2	
3	

(续表)

业务号	分　录
4	
5	

实训十五 会计报表的编制

实训目的：掌握资产负债表及利润表的编制方法。

实训材料：根据实训十四资料。

实训要求：

（1）根据实训十四的账户记录，编制资产负债表（见表15-1）。

表 15-1 资产负债表

编制单位： 年 月 日 单位：

资产	期末余额	年初余额	负债及所有者权益	期末余额	年初余额
流动资产：			流动负债：		
货币资金			短期借款		
以公允价值计量且变动计入当期损益的金融资产			以公允价值计量且变动计入当期损益的金融负债		
应收票据			应付票据		
应收账款			应付账款		
预付款项			预收款项		
其他应收款			应付工资薪酬		
存货			应付利息		
应收利息			应付股利		
应收股利			应交税费		
划分为持有待售的资产			其他应付款		
一年内到期的非流动资产			划分为持有待售的负债		
其他流动资产			一年内到期的非流动负债		
流动资产合计			其他流动负债		
非流动资产：			流动负债合计		
可供出售金融资产			非流动负债：		
持有至到期投资			长期借款		
长期应收款			应付债券		
长期股权投资			长期应付款		
投资性房地产			专项应付款		
固定资产			预计负债		
在建工程			递延收益		
工程物资			递延所得税负债		

(续表)

资产	期末余额	年初余额	负债及所有者 权益	期末余额	年初余额
固定资产清理			其他非流动负债		
生产性生物资产			非流动负债合计		
油气资产			负债合计		
无形资产			所有者权益:		
开发支出			实收资本（或股本）		
商誉			资本公积		
长期待摊费用			减：库存股		
递延所得税资产			其他综合收益		
其他非流动资产			盈余公积		
非流动资产合计			未分配利润		
			所有者权益（或股东权益）合计		
资产总计			负债及所有者权益总计		

（2）根据实训十四，编制利润表（见表15-2）。

表 15-2　利润表

编制单位：　　　　　　　　　　　　　　年　月　　　　　　　　　　　　　单位：

项　目	本月数	本年累计数
一、营业收入		
减：营业成本		
营业税金及附加		
销售费用		
管理费用		
财务费用		
资产减值损失		
加：公允价值变动收益（损失以"-"填列）		
投资收益（损失以"-"填列）		
其中：对联营公司和合营公司的投资		
二、营业利润（亏损以"-"填列）		
加：营业外收入		
其中：非流动资产处置利得		
减：营业外支出		

（续表）

项　目	本月数	本年累计数
其中：非流动资产处置损失		
三、利润总额（亏损总额以"–"号填列）		
四、净利润（净亏损以"–"号填列）		
五、其他综合收益的税后净额		
（一）以后不能重分类进损益的其他综合收益		
（二）以后将重分类进损益的其他综合收益		
六、综合收益总额		
七、每股收益：		
（一）基本每股收益		
（二）稀释每股收益		

第二篇
基础会计综合实训

实训十六　综合实训

实训目的：通过实训使学生掌握记账凭证账务处理程序、汇总记账凭证账务处理程序和科目汇总表账务处理程序下的会计凭证的编制、账簿的登记等账务处理方法。

实训资料：

（1）诚实公司2016年12月1日总分类账户及明细分类账户余额见表16-1和表16-2。

表16-1　总分类账户余额表

单位：元

账户名称	借方余额	账户名称	贷方余额
库存现金	3 400	短期借款	200 000
银行存款	759 600	应付账款	70 200
应收账款	163 800	应付职工薪酬	5 040
其他应收款	2 000	应交税费	62 128
原材料	80 000	预收账款	3 000
库存商品	179 600	实收资本	2 000 000
固定资产	2 558 400	资本公积	73 360
		盈余公积	130 000
		本年利润	504 000
		利润分配	60 000
		累计折旧	639 072
合计	3 746 800	合计	3 746 800

表16-2　明细分类账户余额表

总账账户	明细账户	计量单位	数量	单价	余额（元）
应收账款	红大公司				93 600
	联华商厦				70 200
其他应收款	张明				2 000
原材料	甲材料	kg	750	40	30 000
	乙材料	kg	8	3 250	26 000
	丙材料	m	480	50	24 000
库存商品	A产品	件	1 000	90	90 000
	B产品	件	1 120	80	89 600

（续表）

总账账户	明细账户	计量单位	数量	单价	余额（元）
应付账款	南海公司				70 200
应交税费	应交所得税				43 428
	应交增值税				17 000
	应交城市维护建设税				1 190
	应交教育费附加				510
预收账款	元庆商场3 000元				
利润分配	未分配利润60 000元				

（2）诚实公司2016年12月份发生如下交易或事项：

①12月1日，王华出差预借差旅费2 000元，会计付给现金（附原始凭证一张：借款单）。

②12月2日，开出现金支票3 600元，备用（附原始凭证一张：现金支票）。

③12月2日，生产车间生产A产品领用甲材料423kg，单价40元，共计16 920元；领用乙材料4公斤，单价3 250元，共计13 000元（附原始凭证一张：领料单）。

④12月4日，购入办公用品共计480元，以现金付讫。（附原始凭证一张：东海市商品销售统一发票）

⑤12月5日，购入乙材料12kg，单价3 100元，增值税专用发票按17%计税，共计43 524元。另外发生运费1 800元（按11%计算增值税），材料已验收入库，全款开出一张转账支票付讫（附原始凭证四张：增值税专用发票、转账支票存根、运费单据和材料验收入库单）。

⑥12月5日，销售科张明报销差旅费1 700元，原借支2 000元，余款交回现金300元（附原始凭证两张：差旅费报销单、收款收据）。

⑦12月6日，生产车间生产B产品领用乙材料4kg，单价3 250元，共计13 000元；领用丙材料400m，单价50元，共计20 000元（附原始凭证一张：领料单）。

⑧12月6日，向东海市电视台支付广告费16 000元，开出一张转账支票付讫（附原始凭证两张：转账支票存根、东海市广告业专用发票）。

⑨12月6日，购入甲材料500kg，单价40元，增值税专用发票按17%计税，共计23 400元，另外发生包装费2 600元，全款开出转账支票付讫，材料已验收入库（附原始凭证四张：增值税专用发票、转账支票存根、材料入库单和包装费单据）。

⑩12月7日，收到马强交来的一张医药费报销单，共计316元，会计当即付给现金（附原始凭证两张：医药费报销单、医院门诊收据）。

⑪12月9日，购入丙材料500m，单价56元，增值税专用发票按17%计税，共计32 760元，全款通过开户行转账汇出，材料已验收入库（附原始凭证三张：增值税专用发票、工商银行信汇凭证回单和材料入库单）。

⑫12月10日，生产车间领用甲材料500KG，单价40元，共计20 000元，作为车间一般耗用（附原始凭证一张：领料单）。

⑬12月10日，收到联华商厦交来的一张转账支票70 200元，系前欠我方货款（附原始凭

证两张：工商银行进账单收账通知、收款收据）。

⑭12月11日，开出现金支票164 960元，备发工资（附原始凭证一张：现金支票存根）。

⑮12月11日，以现金164 960元向职工发放工资（附原始凭证一张：工资结算汇总表）。

⑯12月12日，向税务机关上缴各项税费：城市维护建设税1 190元，教育费附加510元，所得税43 428元，增值税17 000元（附原始凭证两张：国税及地税完税凭证）。

⑰12月12日，向联华商厦销售A产品600件，单价210元；B产品800件，单价190元，增值税专用发票按17%计税，共计325 260元，全款收到联华商厦交来的一张转账支票（附原始凭证两张：增值税专用发票、工商银行进账单收账通知）。

⑱12月15日，购入甲材料1 000kg，单价42元，增值税专用发票按17%计税，共计49 140元，全部款项通过信汇转账支付，材料已验收入库（附原始凭证三张：材料入库单、工商银行信汇凭证回单和增值税专用发票）。

⑲12月17日，向红大公司销售A产品400件，单价210元；B产品300件，单价190元，增值税专用发票按17%计税，于当天向开户行办理了托收手续（附原始凭证两张：增值税专用发票、托收承付凭证回单）。

⑳12月19日，生产车间生产A产品领用甲材料800kg，单价42元；乙材料3kg，单价3 250元，共计43 350元（附原始凭证一张：领料单）。

㉑12月20日，购买纸和笔等办公用品共计80元，以现金付讫（附原始凭证一张：东海市商品销售统一发票）。

㉒12月22日，行政管理部门为修理办公桌领用丙材料100m，单价56元，共计5 600元（附原始凭证一张：领料单）。

㉓12月22日，收回红大公司所欠我方货款93 600元，存入银行（附原始凭证一张：工商银行信汇凭证收账通知）。

㉔12月23日，开出一张转账支票，向东海市电信局支付本月电话费5 200元（附原始凭证两张：东海市电信局专用收据、转账支票存根）。

㉕12月25日，生产车间生产B产品领用乙材料2kg，单价3 250元，共计6 500元；领用丙材料200m，单价56元，共计11 200元（附原始凭证一张：领料单）。

㉖12月26日，生产车间一般性耗用领用甲材料253kg，单价42元，共计10 626元（附原始凭证一张：领料单）。

㉗12月28日，向南海公司偿还原欠货款70 200元，通过信汇方式付讫（附原始凭证一张：工商银行信汇凭证回单）。

㉘12月31日，开出一张转账支票，向市自来水公司支付水费2 340t，单价2.2元，增值税专用发票按6%计税，共计5 456.88元（附原始凭证两张：增值税专用发票，转账支票存根）。

㉙12月31日，开出转账支票，向市电业局支付电费7 488°，单价2元，增值税专用发票按17%计税，共计17 521.92元（附原始凭证两张：增值税专用发票、转账支票存根）。

㉚12月31日，根据水电费分配表分配本月水电费，其中车间耗用水费4 000元，电费12 568元；行政管理部门耗用水费1 148元，电费2 408元（附原始凭证一张：自制水电费分配表）。

㉛12月31日，通过银行转账支付本月短期借款利息费2 304元（发原始凭证一张：工商银行计收利息清单）。

㉜12月31日，结算分配本月应付职工薪酬：生产A产品工人工资47 600元，B产品工人工资58 200元，车间管理人员工资5 200元，行政管理人员工资53 960元，共计164 960元（附原始凭证一张：工资费用分配表）。

㉝12月31日，计提本月固定资产折旧费：生产车间固定资产应提折旧额8 304元，行政管理固定资产折旧额7 230元（附原始凭证一张：自制折旧额计算表）。

㉞12月31日，分配结转本月制造费用。分配标准：按产品工时比例分配，A产品工时600h，B产品工时400h（附原始凭证一张：自制制造费用分配表）。

㉟12月31日，A产品全部完工入库结转A产品完工入库总成本（附原始凭证两张：自制产品成本计算单、产成品入库单）。

㊱12月31日，B产品全部完工入库结转B产品完工入库总成本（附原始凭证一张：自制产品成本计算单、产成品入库单）。

㊲12月31日，结转本月已销A产品和B产品的销售成本，假设按期初单位生产成本计算（附原始凭证一张：销售成本计算单）。

㊳12月31日，根据本月应交增值税的7%计算应交城市维护建设税，3%计算教育费附加（附原始凭证一张：销售税金及附加计算表）。

㊴12月31日，结转本月损益类账户至"本年利润"（附原始凭证一张：损益账户计算表）。

㊵12月31日，按本月应纳税所得额的25%计提并结转所得税费用，假设利润总额无纳税调整事项（附原始凭证一张：所得税计算表）。

㊶12月31日，按全年净利润的10%提取法定盈余公积金（附原始凭证一张：法定盈余公积金计提表）。

㊷12月31日，按全年净利润的60%向所有者分配现金股利（附原始凭证一张：应付股利计算表）。

㊸12月31日，结转本年利润。

㊹12月31日，结转利润分配有关明细账户。

实训要求：

1. 诚实公司若采用记账凭证账务处理程序

（1）根据原始凭证或原始凭证汇总表填制记账凭证（见表16-3~表16-54）。

表16-3　付款凭证（1）

贷方科目：　　　　　　　　　　年　月　日　　　　　　　　　　　付字第　　号

摘要	借方科目		√	金额									
	总账科目	明细科目		千	百	十	万	千	百	十	元	角	分
	合计												

财务经理：　　　　　记账：　　　　　审核：　　　　　出纳：　　　　　制单：

表 16-4 付款凭证（2）

贷方科目： 　　　年　月　日　　　　　　　　　　　付字第　　号

摘要	借方科目		√	金额									
	总账科目	明细科目		千	百	十	万	千	百	十	元	角	分
合计													

财务经理：　　　　记账：　　　　审核：　　　　出纳：　　　　制单：

表 16-5 转账凭证（3）

　　　年　月　日　　　　　　　　　　　转字第　　号

摘要	总账科目	明细科目	借方									√	贷方									√
			百	十	万	千	百	十	元	角	分		百	十	万	千	百	十	元	角	分	
合计																						

财务经理：　　　　记账：　　　　审核：　　　　制单：

表 16-6 付款凭证（4）

贷方科目： 　　　年　月　日　　　　　　　　　　　付字第　　号

摘要	借方科目		√	金额									
	总账科目	明细科目		千	百	十	万	千	百	十	元	角	分
合计													

财务经理：　　　　记账：　　　　审核：　　　　出纳：　　　　制单：

表 16-7 付款凭证（5）

贷方科目： 　　　　　　年　　月　　日　　　　　　　　　　　付字第　　　号

摘要	借方科目		√	金额									
	总账科目	明细科目		千	百	十	万	千	百	十	元	角	分
合计													

财务经理： 　　　记账： 　　　审核： 　　　出纳： 　　　制单：

表 16-8 收款凭证（6）

借方科目： 　　　　　　年　　月　　日　　　　　　　　　　　收字第　　　号

摘要	贷方科目		√	金额									
	总账科目	明细科目		千	百	十	万	千	百	十	元	角	分
合计													

财务经理： 　　　记账： 　　　审核： 　　　出纳： 　　　制单：

表 16-9 转账凭证（7）

年　　月　　日　　　　　　　　　　　转字第　　　号

摘要	总账科目	明细科目	借方									√	贷方									√
			百	十	万	千	百	十	元	角	分		百	十	万	千	百	十	元	角	分	
合计																						

财务经理： 　　　记账： 　　　审核： 　　　制单：

表 16-10　转账凭证（8）

年　月　日　　　　　　　　　　　　　　　　　　　　转字第　　号

摘要	总账科目	明细科目	借方										贷方									
			百	十	万	千	百	十	元	角	分	√	百	十	万	千	百	十	元	角	分	√
	合计																					

财务经理：　　　　记账：　　　　　审核：　　　　　制单：

表 16-11　付款凭证（9）

贷方科目：　　　　　　　　　　年　月　日　　　　　　　　　　付字第　　号

摘要	借方科目		√	金额								
	总账科目	明细科目		千	百	十	万	千	百	十	元	角	分
合计												

财务经理：　　　　记账：　　　　　审核：　　　　出纳：　　　　制单：

表 16-12　付款凭证（10）

贷方科目：　　　　　　　　　　年　月　日　　　　　　　　　　付字第　　号

摘要	借方科目		√	金额								
	总账科目	明细科目		千	百	十	万	千	百	十	元	角	分
合计												

财务经理：　　　　记账：　　　　　审核：　　　　出纳：　　　　制单：

表 16-13　付款凭证（11）

贷方科目：　　　　　　　　　　　　　年　月　日　　　　　　　　　　付字第　　号

摘要	借方科目		√	金额									
	总账科目	明细科目		千	百	十	万	千	百	十	元	角	分
合计													

财务经理：　　　　记账：　　　　审核：　　　　出纳：　　　　制单：

表 16-14　付款凭证（12）

贷方科目：　　　　　　　　　　　　　年　月　日　　　　　　　　　　付字第　　号

摘要	借方科目		√	金额									
	总账科目	明细科目		千	百	十	万	千	百	十	元	角	分
合计													

财务经理：　　　　记账：　　　　审核：　　　　出纳：　　　　制单：

表 16-15　转账凭证（13）

　　　　　　　　　　　　　　　　　年　月　日　　　　　　　　　　转字第　　号

摘要	总账科目	明细科目	借方									√	贷方									√
			百	十	万	千	百	十	元	角	分		百	十	万	千	百	十	元	角	分	
合计																						

财务经理：　　　　记账：　　　　审核：　　　　制单：

表 16-16 收款凭证（14）

借方科目：　　　　　　　　　　　　　　　年　月　日　　　　　　　　　　　　　收字第　　　号

摘要	贷方科目		√	金额									
	总账科目	明细科目		千	百	十	万	千	百	十	元	角	分
合计													

财务经理：　　　　　记账：　　　　　审核：　　　　　出纳：　　　　　制单：

表 16-17 付款凭证（15）

贷方科目：　　　　　　　　　　　　　　　年　月　日　　　　　　　　　　　　　付字第　　　号

摘要	借方科目		√	金额									
	总账科目	明细科目		千	百	十	万	千	百	十	元	角	分
合计													

财务经理：　　　　　记账：　　　　　审核：　　　　　出纳：　　　　　制单：

表 16-18 付款凭证（16）

贷方科目：　　　　　　　　　　　　　　　年　月　日　　　　　　　　　　　　　付字第　　　号

摘要	借方科目		√	金额									
	总账科目	明细科目		千	百	十	万	千	百	十	元	角	分
合计													

财务经理：　　　　　记账：　　　　　审核：　　　　　出纳：　　　　　制单：

表 16-19　付款凭证（17）

贷方科目：　　　　　　　　　　　　　　年　月　日　　　　　　　　　　　付字第　　号

摘要	借方科目		√	金额									
	总账科目	明细科目		千	百	十	万	千	百	十	元	角	分
合计													

财务经理：　　　　记账：　　　　　审核：　　　　　出纳：　　　　　制单：

表 16-20　收款凭证（18）

借方科目：　　　　　　　　　　　　　　年　月　日　　　　　　　　　　　收字第　　号

摘要	贷方科目		√	金额									
	总账科目	明细科目		千	百	十	万	千	百	十	元	角	分
合计													

财务经理：　　　　记账：　　　　　审核：　　　　　出纳：　　　　　制单：

表 16-21　付款凭证（19）

贷方科目：　　　　　　　　　　　　　　年　月　日　　　　　　　　　　　付字第　　号

摘要	借方科目		√	金额									
	总账科目	明细科目		千	百	十	万	千	百	十	元	角	分
合计													

财务经理：　　　　记账：审核：　　　　　出纳：　　　　　制单：

表 16-22　转账凭证 (20)

年　月　日　　　　　　　　　　　　　　　　　　　　　　　转字第　　号

摘要	总账科目	明细科目	借方										贷方									
			百	十	万	千	百	十	元	角	分	√	百	十	万	千	百	十	元	角	分	√
		合计																				

财务经理：　　　　　记账：　　　　　审核：　　　　　制单：

表 16-23　转账凭证 (21)

年　月　日　　　　　　　　　　　　　　　　　　　　　　　转字第　　号

摘要	总账科目	明细科目	借方										贷方									
			百	十	万	千	百	十	元	角	分	√	百	十	万	千	百	十	元	角	分	√
		合计																				

财务经理：　　　　　记账：　　　　　审核：　　　　　制单：

表 16-24　付款凭证 (22)

贷方科目：　　　　　　　　年　月　日　　　　　　　　　　付字第　　号

摘要	借方科目		√	金额									
	总账科目	明细科目		千	百	十	万	千	百	十	元	角	分
合计													

财务经理：　　　　　记账：　　　　　审核：　　　　　出纳：　　　　　制单：

表 16-25　转账凭证（23）

年　月　日　　　　　　　　　　　　　　　　　转字第　　号

摘要	总账科目	明细科目	借方									√	贷方									√
			百	十	万	千	百	十	元	角	分		百	十	万	千	百	十	元	角	分	
		合计																				

财务经理：　　　　　记账：　　　　　审核：　　　　　制单：

表 16-26　收款凭证（24）

借方科目：　　　　　　　　　　年　月　日　　　　　　　　　　　　收字第　　号

摘要	贷方科目		√	金额									
	总账科目	明细科目		千	百	十	万	千	百	十	元	角	分
合计													

财务经理：　　　　　记账：　　　　　审核：　　　　　出纳：　　　　　制单：

表 16-27　付款凭证（25）

贷方科目：　　　　　　　　　　年　月　日　　　　　　　　　　　　付字第　　号

摘要	借方科目		√	金额									
	总账科目	明细科目		千	百	十	万	千	百	十	元	角	分
合计													

财务经理：　　　　　记账：　　　　　审核：　　　　　出纳：　　　　　制单：

表 16-28 转账凭证（26）

年 月 日   转字第   号

摘要	总账科目	明细科目	借方										贷方								
			百	十	万	千	百	十	元	角	分	√	百	十	万	千	百	十	元	角	分	√
		合计																				

财务经理：   记账：   审核：   制单：

表 16-29 转账凭证（27）

年 月 日   转字第   号

摘要	总账科目	明细科目	借方										贷方								
			百	十	万	千	百	十	元	角	分	√	百	十	万	千	百	十	元	角	分	√
		合计																				

财务经理：   记账：   审核：   制单：

表 16-30 转账凭证（28）

年 月 日   转字第   号

摘要	总账科目	明细科目	借方										贷方								
			百	十	万	千	白	十	元	角	分	√	百	十	万	千	百	十	元	角	分	√
		合计																				

财务经理：   记账：   审核：   制单：

表 16-31 付款凭证（29）

贷方科目： 年 月 日 付字第 号

摘要	借方科目		√	金额									
	总账科目	明细科目		千	百	十	万	千	百	十	元	角	分
合计													

财务经理： 记账： 审核： 出纳： 制单：

表 16-32 付款凭证（30）

贷方科目： 年 月 日 付字第 号

摘要	借方科目		√	金额									
	总账科目	明细科目		千	百	十	万	千	百	十	元	角	分
合计													

财务经理： 记账： 审核： 出纳： 制单：

表 16-33 付款凭证（31）

贷方科目： 年 月 日 付字第 号

摘要	借方科目		√	金额									
	总账科目	明细科目		千	百	十	万	千	百	十	元	角	分
合计													

财务经理： 记账： 审核： 出纳： 制单：

表 16-34　转账凭证（32）

年　月　日　　　　　　　　　　　　　　　　　　　　　　转字第　号

摘要	总账科目	明细科目	借方										贷方									
			百	十	万	千	百	十	元	角	分	√	百	十	万	千	百	十	元	角	分	√
		合计																				

财务经理：　　　　记账：　　　　审核：　　　　制单：

表 16-35　转账凭证（33）

年　月　日　　　　　　　　　　　　　　　　　　　　　　转字第　号

摘要	总账科目	明细科目	借方										贷方									
			百	十	万	千	百	十	元	角	分	√	百	十	万	千	百	十	元	角	分	√
		合计																				

财务经理：　　　　记账：　　　　审核：　　　　制单：

表 16-36　转账凭证（34）

年　月　日　　　　　　　　　　　　　　　　　　　　　　转字第　号

摘要	总账科目	明细科目	借方										贷方									
			百	十	万	千	百	十	元	角	分	√	百	十	万	千	百	十	元	角	分	√
		合计																				

财务经理：　　　　记账：　　　　审核：　　　　制单：

表 16-37 转账凭证（35）

年 月 日 　　　　　　　　　　　　　转字第 号

摘要	总账科目	明细科目	借方										贷方									
			百	十	万	千	百	十	元	角	分	√	百	十	万	千	百	十	元	角	分	√
	合计																					

财务经理： 　　记账： 　　审核： 　　制单：

表 16-38 转账凭证（36）

年 月 日 　　　　　　　　　　　　　转字第 号

摘要	总账科目	明细科目	借方										贷方									
			百	十	万	千	百	十	元	角	分	√	百	十	万	千	百	十	元	角	分	√
	合计																					

财务经理： 　　记账： 　　审核： 　　制单：

表 16-39 转账凭证（37）

年 月 日 　　　　　　　　　　　　　转字第 号

摘要	总账科目	明细科目	借方										贷方									
			百	十	万	千	白	十	元	角	分	√	百	十	万	千	百	十	元	角	分	√
	合计																					

财务经理： 　　记账： 　　审核： 　　制单：

表 16-40　转账凭证（38）

年　月　日　　　　　　　　　　　　　　　　　　转字第　　号

摘要	总账科目	明细科目	借方										贷方									
			百	十	万	千	百	十	元	角	分	√	百	十	万	千	百	十	元	角	分	√
		合计																				

财务经理：　　　　　记账：　　　　　审核：　　　　　制单：

表 16-41　转账凭证（39）

年　月　日　　　　　　　　　　　　　　　　　　转字第　　号

摘要	总账科目	明细科目	借方										贷方									
			百	十	万	千	百	十	元	角	分	√	百	十	万	千	百	十	元	角	分	√
		合计																				

财务经理：　　　　　记账：　　　　　审核：　　　　　制单：

表 16-42　转账凭证（40）

年　月　日　　　　　　　　　　　　　　　　　　转字第　　号

摘要	总账科目	明细科目	借方										贷方									
			百	十	万	千	百	十	元	角	分	√	百	十	万	千	百	十	元	角	分	√
		合计																				

财务经理：　　　　　记账：　　　　　审核：　　　　　制单：

表 16-43　转账凭证（41）

年　月　日　　　　　　　　　　　转字第　号

摘要	总账科目	明细科目	借方										贷方								
			百	十	万	千	百	十	元	角	分	√	百	十	万	千	百	十	元	角	分	√
		合计																			

财务经理：　　　　记账：　　　　审核：　　　　制单：

表 16-44　转账凭证（42）

年　月　日　　　　　　　　　　　转字第　号

摘要	总账科目	明细科目	借方										贷方								
			百	十	万	千	百	十	元	角	分	√	百	十	万	千	百	十	元	角	分	√
		合计																			

财务经理：　　　　记账：　　　　审核：　　　　制单：

表 16-45　转账凭证（43）

年　月　日　　　　　　　　　　　转字第　号

摘要	总账科目	明细科目	借方										贷方								
			百	十	万	千	百	十	元	角	分	√	百	十	万	千	百	十	元	角	分	√
		合计																			

财务经理：　　　　记账：　　　　审核：　　　　制单：

表 16-46　转账凭证（44）

年　月　日　　　　　　　　　　　　　　　　　转字第　　号

摘要	总账科目	明细科目	借方										贷方									
			百	十	万	千	百	十	元	角	分	√	百	十	万	千	百	十	元	角	分	√
		合计																				

财务经理：　　　　记账：　　　　审核：　　　　制单：

表 16-47　转账凭证（45）

年　月　日　　　　　　　　　　　　　　　　　转字第　　号

摘要	总账科目	明细科目	借方										贷方									
			百	十	万	千	百	十	元	角	分	√	百	十	万	千	百	十	元	角	分	√
		合计																				

财务经理：　　　　记账：　　　　审核：　　　　制单：

表 16-48　转账凭证（46）

年　月　日　　　　　　　　　　　　　　　　　转字第　　号

摘要	总账科目	明细科目	借方										贷方									
			百	十	万	千	百	十	元	角	分	√	百	十	万	千	百	十	元	角	分	√
		合计																				

财务经理：　　　　记账：　　　　审核：　　　　制单：

表 16-49 转账凭证（备用）

年 月 日　　　　　　　　　　　　　　　　　　　　转字第 号

摘要	总账科目	明细科目	借方										贷方									
			百	十	万	千	百	十	元	角	分	√	百	十	万	千	百	十	元	角	分	√
	合计																					

财务经理：　　　记账：　　　审核：　　　制单：

表 16-50 转账凭证（备用）

年 月 日　　　　　　　　　　　　　　　　　　　　转字第 号

摘要	总账科目	明细科目	借方										贷方									
			百	十	万	千	百	十	元	角	分	√	百	十	万	千	百	十	元	角	分	√
	合计																					

财务经理：　　　记账：　　　审核：　　　制单：

表 16-51 收款凭证（备用）

借方科目：　　　　　年 月 日　　　　　　　　　　收字第 号

摘要	贷方科目		√	金额									
	总账科目	明细科目		千	百	十	万	千	百	十	元	角	分
	合计												

财务经理：　　　记账：　　　审核：　　　出纳：　　　制单：

表 16-52　收款凭证（备用）

借方科目：　　　　　　　　　　　　年　月　日　　　　　　　　　　　　收字第　　号

摘要	贷方科目		√	金额									
	总账科目	明细科目		千	百	十	万	千	百	十	元	角	分
合计													

财务经理：　　　　记账：　　　　审核：　　　　出纳：　　　　制单：

表 16-53　付款凭证（备用）

贷方科目：　　　　　　　　　　　　年　月　日　　　　　　　　　　　　付字第　　号

摘要	借方科目		√	金额									
	总账科目	明细科目		千	百	十	万	千	百	十	元	角	分
合计													

财务经理：　　　　记账：　　　　审核：　　　　出纳：　　　　制单：

表 16-54　付款凭证（备用）

贷方科目：　　　　　　　　　　　　年　月　日　　　　　　　　　　　　付字第　　号

摘要	借方科目		√	金额									
	总账科目	明细科目		千	百	十	万	千	百	十	元	角	分
合计													

财务经理：　　　　记账：　　　　审核：　　　　出纳：　　　　制单：

（2）根据上述收款和付款凭证逐笔登记库存现金日记账和银行存款日记账（见表 16-55~表 16-56）。

表 16-55　库存现金日记账

年		凭证号数	摘要	对方科目	借方	贷方	余额
月	日						

表 16-56　银行存款日记账

年		凭证号数	摘要	结算凭证		对方科目	借方	贷方	余额
月	日			种类	号数				

（3）根据记账凭证逐笔登记下列主要明细分类账（见表16-57～表16-65）

表16-57 应付账款明细分类账

单位名称：   单位：

年		摘要	借方	贷方	借或贷	余额
月	日					

表16-58 其他应收款明细分类账

个人名称：

年		摘要	借方	贷方	借或贷	余额
月	日					

表16-59 应交税费明细分类账

年		摘要	借方			贷方				借或贷	余额
月	日		合计	进项税额	已交税金	合计	销项税额	出口退税	进项税额转出		

表 16-60　原材料明细分类账

材料名称：　　　　　　　　　　　　　　　　　　　　　　　　　　　　　　单位：

年		摘要	计量单位	单价	收入		支出		余额	
月	日				数量	金额	数量	金额	数量	金额

表 16-61　生产成本明细分类账

产品名称：　　　　　　　　　　　　　　　　　　　　　　　　　　　　　　单位：

年		凭证编号	摘要	借方				贷方	余额
月	日			直接材料	直接人工	制造费用	合计		

表 16-62　应付职工薪酬明细分类账

年		凭证号数	摘要	借方				贷方	余额
月	日						合计		

表 16-63　制造费用明细分类账

年		凭证号数	摘要	借方						合计	贷方	余额
月	日											

表 16-64　管理费用明细分类账

年		凭证号数	摘要	借方						合计	贷方	余额
月	日											

表 16-65　销售费用明细分类账

年		凭证号数	摘要	借方						合计	贷方	余额
月	日											

（4）根据记账凭证逐笔登记下列各总分类账（见表 16-66～表 16-94）。

表 16-66　库存现金总分类账

年		摘要	借方	贷方	借或贷	余额
月	日					

表 16-67　银行存款总分类账

年		摘要	借方	贷方	借或贷	余额
月	日					

表 16-68　生产成本总分类账

年		摘要	借方	贷方	借或贷	余额
月	日					

表 16-69　原材料总分类账

年		摘要	借方	贷方	借或贷	余额
月	日					

表 16-70　应收账款总分类账

年		摘要	借方	贷方	借或贷	余额
月	日					

表 16-71 应交税费总分类账

年		摘要	借方	贷方	借或贷	余额
月	日					

表 16-72 应付账款总分类账

年		摘要	借方	贷方	借或贷	余额
月	日					

表 16-73 其他应收款总分类账

年		摘要	借方	贷方	借或贷	余额
月	日					

表 16-74　主营业务收入总分类账

年		摘要	借方	贷方	借或贷	余额
月	日					

表 16-75　主营业务成本总分类账

年		摘要	借方	贷方	借或贷	余额
月	日					

表 16-76　管理费用总分类账

年		摘要	借方	贷方	借或贷	余额
月	日					

表 16-77　销售费用总分类账

年		摘要	借方	贷方	借或贷	余额
月	日					

表 16-78　应付职工薪酬总分类账

年		摘要	借方	贷方	借或贷	余额
月	日					

表 16-79　制造费用总分类账

年		摘　要	借　方	贷　方	借或贷	余　额
月	日					

表 16-80　财务费用总分类账

年		摘要	借方	贷方	借或贷	余额
月	日					

表 16-81　累计折旧总分类账

年		摘要	借方	贷方	借或贷	余额
月	日					

表 16-82　库存商品总分类账

年		摘要	借方	贷方	借或贷	余额
月	日					

表 16-83　营业税金及附加总分类账

年		摘要	借方	贷方	借或贷	余额
月	日					

表 16-84　所得税费用总分类账

年		摘要	借方	贷方	借或贷	余额
月	日					

表 16-85　本年利润总分类账

年		摘要	借方	贷方	借或贷	余额
月	日					

表 16-86　盈余公积总分类账

年		摘要	借方	贷方	借或贷	余额
月	日					

表 16-87　应付股利总分类账

年		摘要	借方	贷方	借或贷	余额
月	日					

表 16-88　利润分配总分类账

年		摘要	借方	贷方	借或贷	余额
月	日					

表 16-89　固定资产总分类账

年		摘要	借方	贷方	借或贷	余额
月	日					

表 16-90　短期借款总分类账

年		摘要	借方	贷方	借或贷	余额
月	日					

表 16-91　预收账款总分类账

年		摘要	借方	贷方	借或贷	余额
月	日					

表 16-92 实收资本总分类账

年		摘要	借方	贷方	借或贷	余额
月	日					

表 16-93 资本公积总分类账

年		摘要	借方	贷方	借或贷	余额
月	日					

表 16-94 总分类账

年		摘要	借方	贷方	借或贷	余额
月	日					

2. 汇总记账凭证账务处理程序

（1）根据原始凭证编制记账凭证（见上）。

（2）根据上述记账凭证编制汇总记账凭证（见表16-95~表16-118）。

表16-95　汇总收款凭证

借方科目：银行存款　　　　　　　　年　月　日　　　　　　　　汇收字　　号

贷方科目	金额	总账账页
	1日-31日合计	

表16-96　汇总收款凭证

借方科目：　库存现金　　　　　　　年　月　日　　　　　　　　汇收字　　号

贷方科目	金额	总账账页
	1日-31日合计	

表16-97　汇总付款凭证

贷方科目：库存现金　　　　　　　　年　月　日　　　　　　　　汇付字　　号

借方科目	金额	总账账页
	1日-31日合计	

表 16-98　汇总付款凭证

贷方科目：银行存款　　　　　　　　　　年　月　日　　　　　　　　　　汇付字　号

借方科目	金额	总账账页
	1 日-31 日合计	

表 16-99　汇总转账凭证

贷方科目：　　　　　　　　　　　　　　年　月　日　　　　　　　　　　汇转字　号

借方科目	金额			总账账页
	1 日-31 日合计			

表 16-100　汇总转账凭证

贷方科目：　　　　　　　　　　　　　　年　月　日　　　　　　　　　　汇转字　号

借方科目	金额			总账账页
	1 日-31 日合计			

表 16-101　汇总转账凭证

贷方科目：　　　　　　　　　年　月　日　　　　　　　　　汇转字　号

借方科目	金额			总账账页
	1 日-31 日合计			

表 16-102　汇总转账凭证

贷方科目：　　　　　　　　　年　月　日　　　　　　　　　汇转字　号

借方科目	金额			总账账页
	1 日-31 日合计			

表 16-103　汇总转账凭证

贷方科目：　　　　　　　　　年　月　日　　　　　　　　　汇转字　号

借方科目	金额			总账账页
	1 日-31 日合计			

表 16-104 汇总转账凭证

贷方科目： 年 月 日 汇转字 号

借方科目	金额			总账账页
	1 日-31 日合计			

表 16-105 汇总转账凭证

贷方科目： 年 月 日 汇转字 号

借方科目	金额			总账账页
	1 日-31 日合计			

表 16-106 汇总转账凭证

贷方科目： 年 月 日 汇转字 号

借方科目	金额			总账账页
	1 日-31 日合计			

表 16-107　汇总转账凭证

贷方科目：　　　　　　　　　　　　　年　月　日　　　　　　　　　　　汇转字　　号

借方科目	金额			总账账页
	1 日-31 日合计			

表 16-108　汇总转账凭证

贷方科目：　　　　　　　　　　　　　年　月　日　　　　　　　　　　　汇转字　　号

借方科目	金额			总账账页
	1 日-31 日合计			

表 16-109　汇总转账凭证

贷方科目：　　　　　　　　　　　　　年　月　日　　　　　　　　　　　汇转字　　号

借方科目	金额			总账账页
	1 日-31 日合计			

表 16-110 汇总转账凭证

贷方科目： 年 月 日 汇转字 号

借方科目	金额			总账账页
	1 日-31 日合计			

表 16-111 汇总转账凭证

贷方科目： 年 月 日 汇转字 号

借方科目	金额			总账账页
	1 日-31 日合计			

表 16-112 汇总转账凭证

贷方科目： 年 月 日 汇转字 号

借方科目	金额			总账账页
	1 日-31 日合计			

表 16-113　汇总转账凭证

贷方科目：　　　　　　　　　　　　年　月　日　　　　　　　　　　汇转字　号

借方科目	金额			总账账页
	1 日-31 日合计			

表 16-114　汇总转账凭证

贷方科目：　　　　　　　　　　　　年　月　日　　　　　　　　　　汇转字　号

借方科目	金额			总账账页
	1 日-31 日合计			

表 16-115　汇总转账凭证

贷方科目：　　　　　　　　　　　　年　月　日　　　　　　　　　　汇转字　号

借方科目	金额			总账账页
	1 日-31 日合计			

表 16-116 汇总转账凭证

贷方科目： 年 月 日 汇转字 号

借方科目	金额			总账账页
	1 日-31 日合计			

表 16-117 汇总转账凭证

贷方科目： 年 月 日 汇转字 号

借方科目	金额			总账账页
	1 日-31 日合计			

表 16-118 汇总转账凭证

贷方科目： 年 月 日 汇转字 号

借方科目	金额			总账账页
	1 日-31 日合计			

（3）根据汇总记账凭证登记总分类账（见表 16-119～表 146）。

表 16-119　库存现金总分类账

年		摘要	借方	贷方	借或贷	余额
月	日					

表 16-120　银行存款总分类账

年		摘要	借方	贷方	借或贷	余额
月	日					

表 16-121　应付账款总分类账

年		摘要	借方	贷方	借或贷	余额
月	日					

表 16-122　其他应收款总分类账

年		摘要	借方	贷方	借或贷	余额
月	日					

表 16-123　库存商品总分类账

年		摘要	借方	贷方	借或贷	余额
月	日					

表 16-124　应交税费总分类账

年		摘要	借方	贷方	借或贷	余额
月	日					

表 16-125　主营业务收入总分类账

年		摘要	借方	贷方	借或贷	余额
月	日					

表 16-126　原材料总分类账

年		摘要	借方	贷方	借或贷	余额
月	日					

表 16-127　生产成本总分类账

年		摘要	借方	贷方	借或贷	余额
月	日					

表 16-128 应收账款总分类账

年		摘要	借方	贷方	借或贷	余额
月	日					

表 16-129 管理费用总分类账

年		摘要	借方	贷方	借或贷	余额
月	日					

表 16-130 销售费用总分类账

年		摘要	借方	贷方	借或贷	余额
月	日					

表 16-131 应付职工薪酬总分类账

年		摘要	借方	贷方	借或贷	余额
月	日					

表 16-132 制造费用总分类账

年		摘要	借方	贷方	借或贷	余额
月	日					

表 16-133 累计折旧总分类账

年		摘要	借方	贷方	借或贷	余额
月	日					

表 16-134 盈余公积总分类账

年		摘要	借方	贷方	借或贷	余额
月	日					

表 16-135 本年利润总分类账

年		摘要	借方	贷方	借或贷	余额
月	日					

表 16-136 利润分配总分类账

年		摘要	借方	贷方	借或贷	余额
月	日					

表 16-137　应付股利总分类账

年		摘要	借方	贷方	借或贷	余额
月	日					

表 16-138　主营业务成本总分类账

年		摘要	借方	贷方	借或贷	余额
月	日					

表 16-139　营业税金及附加总分类账

年		摘要	借方	贷方	借或贷	余额
月	日					

表 16-140　财务费用总分类账

年		摘要	借方	贷方	借或贷	余额
月	日					

表 16-141　所得税费用总分类账

年		摘要	借方	贷方	借或贷	余额
月	日					

表 16-142　固定资产总分类账

年		摘要	借方	贷方	借或贷	余额
月	日					

表 16-143　短期借款总分类账

年		摘要	借方	贷方	借或贷	余额
月	日					

表 16-144　预收账款总分类账

年		摘要	借方	贷方	借或贷	余额
月	日					

表 16-145　实收资本总分类账

年		摘要	借方	贷方	借或贷	余额
月	日					

表 16-146　资本公积总分类账

年		摘要	借方	贷方	借或贷	余额
月	日					

3. 科目汇总表账务处理程序

（1）根据经济业务编制记账凭证（见上，此处略）。

（2）根据记账凭证逐笔登记现金日记账和银行存款日记账（见上，此处略）。

（3）根据记账凭证编制下列科目汇总表（见表 16-147）。

表 16-147　科目汇总表

年　　月　　日　　　　　　　　　　　　　　　　　　单位：

会计科目	借方	贷方	会计科目	借方	贷方
合计					

（4）根据科目汇总表登记总分类账（见表 16-148~表 16-175）。

表 16-148　库存现金总分类账

年		摘要	借方	贷方	借或贷	余额
月	日					

表 16-149　银行存款总分类账

年		摘要	借方	贷方	借或贷	余额
月	日					

表 16-150　应付账款总分类账

年		摘要	借方	贷方	借或贷	余额
月	日					

表 16-151　其他应收款总分类账

年		摘要	借方	贷方	借或贷	余额
月	日					

表 16-152　应收账款总分类账

年		摘要	借方	贷方	借或贷	余额
月	日					

表 16-153　应交税费总分类账

年		摘要	借方	贷方	借或贷	余额
月	日					

表 16-154 主营业务收入总分类账

年		摘要	借方	贷方	借或贷	余额
月	日					

表 16-155 原材料总分类账

年		摘要	借方	贷方	借或贷	余额
月	日					

表 16-156 生产成本总分类账

年		摘要	借方	贷方	借或贷	余额
月	日					

表 16-157　制造费用总分类账

年		摘要	借方	贷方	借或贷	余额
月	日					

表 16-158　管理费用总分类账

年		摘要	借方	贷方	借或贷	余额
月	日					

表 16-159　销售费用总分类账

年		摘要	借方	贷方	借或贷	余额
月	日					

表 16-160　应付职工薪酬总分类账

年		摘要	借方	贷方	借或贷	余额
月	日					

表 16-161　库存商品总分类账

年		摘要	借方	贷方	借或贷	余额
月	日					

表 16-162　固定资产总分类账

年		摘要	借方	贷方	借或贷	余额
月	日					

表 16-163　累计折旧分类账

年		摘要	借方	贷方	借或贷	余额
月	日					

表 16-164　短期借款总分类账

年		摘要	借方	贷方	借或贷	余额
月	日					

表 16-165　预收账款总分类账

年		摘要	借方	贷方	借或贷	余额
月	日					

表 16-166　实收资本总分类账

年		摘要	借方	贷方	借或贷	余额
月	日					

表 16-167　资本公积总分类账

年		摘要	借方	贷方	借或贷	余额
月	日					

表 16-168　盈余公积总分类账

年		摘要	借方	贷方	借或贷	余额
月	日					

表 16-169　本年利润总分类账

年		摘要	借方	贷方	借或贷	余额
月	日					

表 16-170　利润分配总分类账

年		摘要	借方	贷方	借或贷	余额
月	日					

表 16-171　应付股利总分类账

年		摘要	借方	贷方	借或贷	余额
月	日					

表 16-172　主营业务成本总分类账

年		摘要	借方	贷方	借或贷	余额
月	日					

表 16-173　营业税金及附加总分类账

年		摘要	借方	贷方	借或贷	余额
月	日					

表 16-174　财务费用总分类账

年		摘要	借方	贷方	借或贷	余额
月	日					

表 16-175　所得税费用总分类账

年		摘要	借方	贷方	借或贷	余额
月	日					

参 考 文 献

[1]　李红梅，崔喜元. 基础会计模拟实训［M］. 北京：中国经济出版社，2013.

[2]　沈航，杨凤鸣，刘晓英. 基础会计模拟实训［M］. 长沙：中南大学出版社，2016.

[3]　陈晓华，林芝. 基础会计模拟实训［M］. 武汉：武汉大学出版社，2015.

[4]　陈小英. 基础会计模拟实训［M］. 北京：清华大学出版社，2016.

[5]　贺胜军，顾爱春，孙杰. 新编基础会计实训［M］. 第2版. 北京：电子工业出版社，2016.

[6]　马涛，杨俊. 基础会计实训［M］. 北京：机械工业出版社，2016.